RÉGIMEN LABORAL DEL DEPORTE PROFESIONAL

Estudios jurídicos sobre el deportista profesional, su contrato de trabajo y derecho colectivo

I0491789

César Luis Barreto Salazar

Abogado y especialista en Derecho del Trabajo (UCV). Profesor de Posgrado de la Universidad Central de Venezuela. Coordinador General de la Asociación Venezolana de Abogados Laboralistas (AVAL) y de la Cátedra Libre del Mundo del Trabajo de la UCV

César Luis Barreto Salazar

cesarluisbarreto@gmail.com / *barretoyasociados@gmail.com*

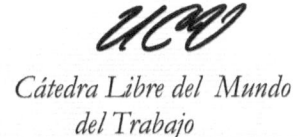

Cátedra Libre del Mundo del Trabajo

Dedicatorias: como siempre; a los hijos que nutren de múltiples afectos lo que queda de mí ser, **César Augusto** y **Julio César**, las espigas de trigo que siempre soñé plantar en este pedazo de mundo, aunque repartidos en dos continentes constituyen una gran unidad.

A mis padres, **Rosa** y **Gustavo** por dar tanto a cambio de nada: amor del bueno, tierno y de calidad.

César Luis Barreto Salazar

RÉGIMEN LABORAL DEL DEPORTE PROFESIONAL

Estudios jurídicos sobre el deportista profesional, su contrato de trabajo y derecho colectivo

Introducción

Desde la primera década de mi vida nació mi fanatismo o tal vez pasión por el por el mundo del beisbol y por el equipo profesional *Tiburones de La Guaira*; era la forma de conexión con mis compañeros de escuela y juegos callejeros. Luego el deporte se hizo fundamental en todas las platicas cotidianas.

No hay nada más emocionante y divertido que las tribunas de los estadios, más aun, si tu equipo gana. El deporte viene a ser el mejor tranquilizante para los conflictos sociales. Une a rivales antagónicos y genera las mayores pasiones en grupos sociales. Considero, que al igual que se toma una taza de té, café o licor para relajarse, conversar sobre tu deporte favorito tiene el mismo efecto. Te da la sensación de alegría al rememorar los éxitos de tus jugadores favoritos o clubes. De manera inversa, si se pierde o el equipo sufre un descalabro, se buscan las causas y razones del porqué la derrota, pero ello culmina con una nueva esperanza al anhelado éxito. Por otra parte, hay un elemento nacionalista en los éxitos de los deportistas paisanos, que nos llena de orgullo y nos hace comentar sus hazañas, sufrir con ellos y por ellos, como quien lo hace por un familiar cercano. Las tertulias se diversifican y de repente somos conocedores del futbol, atletismo, ciclismo, el básquet, el boxeo, la formula uno y cuanta actividad humana sea digna de admirar. Además de esperar con ansias amorosas el comienzo de los campeonatos o temporada, competiciones, torneos, series, mundiales y olimpiadas.

Por si fuera poco, hay que sumar a nuestras vivencias, la necesaria lectura de hazañas, vistas televisivas, estadísticas y anécdotas de los deportistas.

En fin, el mundo ideal debe contar con los más altos valores deportivos, entre ellos la confraternidad, solidaridad, tolerancia, cooperación y respeto. Es fácil entender porque el deporte genera tantas pasiones.

Por decisión propia y para refrescar mi ambiente, tres periodistas especializados me impusieron la lectura cotidiana de sus trabajos como credos religiosos con valiosas lecciones para la vida: Juan Vené, Humberto Acosta e Ignacio Serrano. Leer regularmente *"en la pelota;"* *"tripleplay"* y *"el emergente"* es un autentico acto de comunión con uno mismo; es consentirse un poquito, alejándonos por un ratito de los problemas diarios. También hay infinidad de profesionales que lo atrapan a uno con sus análisis, comentarios y narraciones. La prensa habitual, internet y canales especializados en deportes constituyen una catarsis que nos ayuda a sobrellevar la cotidianidad y sus problemas.

Los atletas además de ser ídolos, son humanos. A veces están en la cima y de repente se desprenden hacia el abismo como Maradona. Pero el deporte siempre te da la oportunidad de redimirte. Una vieja frase de Juan Vené viene constantemente a nuestra memoria en cada tertulia sobre tópicos humanos y deportivos: *"salud fanáticos, el deporte vuelve a unirnos."* Así reforzamos nuestra comunidad social y familiar con este genial consejo.

La afición por el deporte nos lleva a relacionar la misma con nuestra profesión de abogado, conociendo las reglas y estadísticas de las disciplinas deportivas y por supuesto todo lo concerniente con nuestros líderes o jugadores favoritos. No menos importante, son las contrataciones de los deportistas que se unen a los equipos para hacerlos más competitivos. En este contexto, la relación laboral de los deportistas profesionales nos cautivo desde siempre. No debe ser solo por esparcimiento englobar la práctica de una disciplina deportiva que ocupa más de 8 horas diarias de trabajo continuo, además de sacrificios físicos y familiares, lo que indica que no todo debe ser por amor al juego; que también debe haber un robusto estimulo económico en la actividad atlética..

El deporte puede constituir un medio de vida, entendiéndose la necesidad de regulaciones legales y convencionales entre atletas y clubes que deviene tanto de la espectacularidad del juego deportivo, como de las magníficas ganancias económicas que el deporte profesional produce a sus protagonistas.

La idea de éste ensayo sobreviene de discusiones académicas en el curso de *"Asociaciones Sindicales"* en el postgrado de Derecho del Trabajo de la Universidad Central de Venezuela. En las disquisiciones, observamos que la legislación laboral regula el trabajo deportivo y también ese manto normativo comprende a las organizaciones sindicales que por su condición de actor colectivo deberían tener mayor relevancia; no obstante, en Latinoamérica, el protagonismo sindical es casi marginal lo que supone que el atleta no ve en la estructura gremial, un estimulo reivindicativo, haciendo que se enfoque solo en sus éxitos deportivos y en la rentabilidad económica que puede lograr. La relación es simple: sin un atleta obtiene buenos éxitos deportivos de acuerdo a su rendimiento, obtendrá buenos contratos económicos siendo innecesario acudir a solicitar modestas reivindicaciones colectivas.

Este estudio engloba: los instrumentos de regulación o marco jurídico del mundo del trabajo en el deporte profesional; las definiciones de los sujetos e instituciones que intervienen en la relación laboral, el contenido y características del contrato de trabajo así como los derechos y obligaciones de las partes. También presentamos una visión al derecho colectivo de las asociaciones sindicales deportivas y referencias a algunos conflictos gremiales. Finalmente se incorporan como anexos artículos o dictámenes de especialistas sobre las formas de contratación y el arbitraje deportivo y una breve visión al inmenso valor económico de las ligas y clubes en el mundo. Así como las vivencias que como espectador deportivo trato de concordar con mis los fundamentos doctrinarios de la carrera jurídica.

En el desarrollo de este trabajo utilizamos en masculino el uso del genero de los sujetos, sin que ello pueda ser concebido como una discriminación. Simplemente, nos pareció más sencillo el entendimiento de esta tesis con esta terminología subjetiva.

Para la parte final de esta introducción es necesaria la referencia a tres grandes intelectuales latinoamericanos que gracias a sus vivencias y afición deportiva formularon preciosas epístolas sobre el futbol y la filosofía de la vida de cualquiera de nosotros.

Gabriel García Márquez

"A alguien a quien verdaderamente le gusta el fútbol nada le importa quién gana o quién pierde, porque solo el verlo jugar es un gran y bello espectáculo."

"García Márquez habla de fútbol". *Balón Gráfico Deportivo*, febrero de 1991 (https://centrogabo.org/gabo/hablemos-de-gabo/10-frases-de-gabriel-garcia-marquez-sobre-futbol#gsc.tab=0

Mario Benedetti

"Aquel gol que le hizo Maradona a los ingleses con la ayuda de la mano divina es, por ahora, la única prueba fiable de la existencia de Dios". https://www.prensalibre.com/revista-d/el-futbol-entre-los-grandes-literatos/

Eduardo Galeano

"En su vida, un hombre puede cambiar de mujer, de partido político o de religión, pero no puede cambiar de equipo"

"...yo me quedo con esa melancolía irremediable que todos sentimos después del amor y al fin del partido".

https://www.prensalibre.com/revista-d/el-futbol-entre-los-grandes-literatos/

ESTUDIOS SOBRE EL DEPORTISTA PROFESIONAL Y SU CONTRATO DE TRABAJO

> Instrumentos de regulación del mundo del trabajo en el deporte profesional. Sistema ordinario de justicia y derecho deportivo. Sistema especial de justicia deportiva. Debido proceso y garantías constituciones. El Tribunal de Arbitraje Deportivo (TAS). La FIFA y la extraterritorialidad de sus normas.

Internacionalmente el deporte atiende al temperamento de los pueblos y a costumbres históricas que se transmiten de generación en generación. El deporte de mayor arraigo mundial es el futbol, pero en Estados Unidos el más popular de es el futbol americano seguido del beisbol que mantiene un éxito sin precedentes en las fanaticadas de República Dominicana, Cuba y Venezuela. Otros deportes, en otras latitudes cuentan con fanatismos superiores al futbol como por ejemplo en la India, los deportes más populares son el hockey sobre hierba, el cricket y el polo. La organización del mundo deportivo pasa por la distinción entre el deporte amateur o por afición y el deporte profesional. Las leyes del deporte de los distintos países establecen que los equipos o clubes son la unidad primaria de organización, luego vendrán las asociaciones deportivas y estas son tuteladas por las federaciones deportivas nacionales, todas dependientes en sus políticas de los institutos públicos de deportes y/o comités olímpicos. A la par de la regulación que puedan dictar los Estados, los clubes o equipos constituyen ligas o competiciones, donde si bien el merito deportivo es preponderante, es el aspecto económico lo que determina el éxito del espectáculo. En Venezuela, el deporte profesional como negocio esta acentuado básicamente en el beisbol, el baloncesto, el futbol y el hipismo, sin desmeritar que otros deportes también producen espectáculos, pero su alcance en la población es muy limitado. Ahora bien, la práctica deportiva se ha masificado, además que el éxito individual es concebido por muchos como una forma de ascenso social por las extraordinarias ganancias económicas que puede dejar la práctica profesional de la disciplina deportiva. Por otra parte, el deportista genera simpatías, admiración y es muy respetado en las comunidades. De tal forma, que los modelos o conductas deportivas se constituyen en una prioridad para los gobiernos, que debe ser atendida por constituir espectáculos capaces de hacer que las poblaciones se alejen por un rato de los problemas cotidianos y encuentren en el pasatiempo deportivo una forma de unión y relajación.

Instrumentos de regulación del mundo del trabajo en el deporte profesional

Sistema ordinario de justicia y derecho deportivo

La relación laboral de los deportistas profesionales encuentra su base de sustentación normativa en diversas disposiciones nacionales e internacionales; constitucionales, legales y reglamentarias, además de normas especiales de competición dictadas en el seno de las ligas o torneos en los que el atleta participe.

Respetando el valor jerárquico de las fuentes del derecho, enunciamos los instrumentos de regulación del trabajo como régimen especial de deporte profesional. En el entendido que en cada país existen normativas similares.

- **Constitución de la República Bolivariana de Venezuela (CRBV) (1999).** El artículo 111 de la Carta Magna dispone que el deporte es un derecho ciudadano, que cumple un papel fundamental en la formación de niños y adolescentes por lo que su enseñanza es obligatoria en los niveles de educación primaria y secundaria, refiriendo además que el Estado garantiza la atención integral a los deportistas y remite a la ley especial la regulación de las entidades deportivas públicas y privadas.

- **Ley Orgánica del Trabajo, Los Trabajadores y Las Trabajadoras (LOTTT) (2012)** dedica un capítulo especial al régimen del trabajador deportista (artículos 218 al 228). De forma directa define el marco normativo donde se identifican las especificaciones más resaltantes de la relación laboral del practicante. También delimita la prelación de fuentes jurídicas que circundan el régimen jurídico del trabajador deportista.[1]

- **Reglamento de la Ley Orgánica del Trabajo (RLOT) (2006)** instituye normas de rango sub legal aplicables a las estipulaciones laborales de los deportistas.

- **Ley Orgánica de Deporte, Actividad Física y Educación Física (LODAFEF) (2011)** establece una vasta normativa para regular el deporte en el país desde el nivel aficionado hasta el profesional. De manera especial puntualiza una amplia terminología de los sujetos que participan en las actividades deportivas así como las estructuras organizativas del deporte; el régimen disciplinario y un sistema de sanciones entre otras normativas.

- **Reglamento Parcial de la Ley Orgánica de Deporte, Actividad Física y Educación Física (RLODAAFEF) (2012).**

- **Ley Orgánica de Prevención Condiciones y Medio Ambiente del Trabajo (LOPCYMAT) (2005)** instaura una amplia normativa relacionada con el ambiente saludable y condiciones de la práctica deportiva y la regulación de

---

[1] **LOTTT- articulo 218.** "(…) Los trabajadores y trabajadoras del deporte se regirán por las disposiciones contenidas en esta Ley, su Reglamento, Convenios con organizaciones deportivas de otros países que no colidan con el ordenamiento jurídico vigente en Venezuela. Así mismo las disposiciones establecidas en esta Ley no afectan las normas consagradas en la Ley Orgánica del Deporte, Actividad Física y Educación Física."

11

accidentes y/o enfermedades profesionales que se puedan dar en el medio deportivo.

- **Reglamento Parcial de la Ley Orgánica de Prevención Condiciones y Medio Ambiente del Trabajo (RLOPCYMAT) (2007).**
- **Ley Orgánica de Drogas (LOD) (2010)** el 15 de septiembre del año 2010 entró en vigencia la Ley Orgánica de Drogas (LOD), que derogó a la antigua Ley Orgánica Contra el Tráfico Ilícito y Consumo de Sustancias Estupefacientes y Psicotrópicas; contempla la penalización de tráfico y uso de sustancias químicas prohibidas que causen dependencia y estimulación.
- **Principios y Reglas del Movimiento Olímpico Mundial.**[2]

---

[2] **Principios fundamentales del Olimpismo**: **1.** El Olimpismo es una filosofía de vida, que exalta y combina en un conjunto armónico las cualidades del cuerpo, la voluntad y el espíritu. Al asociar el deporte con la cultura y la educación, el Olimpismo se propone crear un estilo de vida basado en la alegría del esfuerzo, el valor educativo del buen ejemplo, la responsabilidad social y el respeto por los principios éticos fundamentales universales. **2.** El objetivo del Olimpismo es poner siempre el deporte al servicio del desarrollo armónico del ser humano con el fin de favorecer el establecimiento de una sociedad pacífica y comprometida con el mantenimiento de la dignidad humana. **3.** El Movimiento Olímpico es la acción concertada, organizada, universal y permanente que se ejerce bajo la autoridad suprema del COI sobre todas las personas y entidades inspiradas por los valores del Olimpismo. Se extiende a los cinco continentes y alcanza su punto culminante en la reunión de los atletas del mundo en el gran festival del deporte que son los Juegos Olímpicos. Su símbolo está constituido por los cinco anillos entrelazados. **4.** La práctica deportiva es un derecho humano. Toda persona debe tener la posibilidad de practicar deporte sin discriminación de ningún tipo y dentro del espíritu olímpico, que exige comprensión mutua, espíritu de amistad, solidaridad y juego limpio. **5.** Como el deporte es una actividad que forma parte de la sociedad, las organizaciones deportivas en el seno del Movimiento Olímpico tendrán los derechos y obligaciones de autonomía, que consisten en controlar y establecer libremente las normas del deporte, determinar la estructura y gobernanza de sus organizaciones, disfrutar del derecho a elecciones libres de toda influencia externa y la responsabilidad de garantizar la aplicación de los principios de buena gobernanza. **6.** El disfrute de los derechos y libertades establecidos en esta Carta Olímpica debe garantizarse sin ningún tipo de discriminación, ya sea por raza, color, sexo, orientación sexual, idioma, religión, opiniones políticas o de otra índole, origen nacional o social, riqueza, nacimiento u otra condición. **7.** La pertenencia al Movimiento Olímpico exige ajustarse a la Carta Olímpica y contar con el reconocimiento del COI. Estos principios son una expresión de la primacía de la persona humana como sujeto y fin del orden

- **Carta Olímpica (1895),** comprende los elementos siguientes: (i) Principios fundamentales. (ii) Estructuras jurídicas. (iii) Composición del COI. (iv) Finalidad y objetivos. (v) Competencias del COI. (vi) Celebración de sesiones. (vii) Congresos. (viii) Recursos económicos. (ix) Idiomas y constitución de los Comités Olímpicos Nacionales. Con el correr de los años la Carta Olímpica se ha ido actualizando pero teniendo como premisa fundamental su independencia, por lo que no se le permite a ningún miembro de olimpismo recibir mandatos e instrucciones de gobiernos que puedan interferir con su imparcialidad.
- **Estatutos del Comité Olímpico Internacional (COI) (1894).**
- **Estatutos del Comité Olímpica Venezolano (COV) (1935).** Fundado el 23 de diciembre de 1935, es una asociación sin fines de lucro que agrupa las distintas federaciones deportivas nacionales, con el fin de respetar y acatar las decisiones y reglas de Comité Olímpico Internacional (COI), así como todo lo suscrito en el Código Mundial Antidopaje, para la masificación del olimpismo venezolano.
- **Reglamentos de instituciones públicas del deporte** (IND) (1949), el Instituto Nacional de Deportes fue creado a través del Decreto n. 164 emitido por la Junta Militar de Gobierno, en fecha 22 de junio de 1949, publicado en la Gaceta Oficial n. 22950. Es un instituto autónomo con personalidad jurídica y patrimonio propio, independiente del Fisco Nacional y adscrito al Ministerio del Deporte y Juventud, en su seno cuenta con representaciones de las federaciones deportivas y las ligas profesionales.

---

social, tal como indica nuestra Constitución de la República, reconociendo al deporte como una maravillosa herramienta.

- **Normas de competición dictadas por las autoridades de ligas, torneos y campeonatos**, tanto nacionales como internacionales.
- **Convenios con organizaciones deportivas de otros países.** Nos referimos a gran cantidad de normativas dictadas por los órganos internacionales que regulan el deporte: FIFA, COI, FIA, ODEPA, etc.
- **Convenios o acuerdo colectivos de trabajo celebrados por organizaciones gremiales.**
- **Normas de consejos disciplinarios o consejos de honor** de las ligas, torneos o eventos deportivos.

Sistema especial de justicia deportiva

Al margen de los sistemas de justicia ordinarios en materia penal, laboral y administrativo capaces de afectar la estabilidad contractual del deportista, existen normas e instituciones de competencia que tienen efectos determinantes en el futuro del los atletas y/o deportistas. Se trata de un sistema de conductas que deben ser cumplidas de manera rigurosa para propiciar el juego limpio; la libre y honesta competencia. De no cumplir con las reglas y dictámenes impuestos, existe un amplio catalogo de penas cuya finalidad de aplicación es crear ejemplos sobre lo que no se debe hacer, además de salvaguardar la integridad de la competencia.

El deporte organizado es un conjunto de reglas dentro de las cuales el atleta debe competir con finalidad de obtener los lugares más preciados. El antiquísimo aforismo que recalca que *lo importante no es ganar sino competir* ha quedado en el pasado o es un *"consuelo de tontos."*

Los aficionados o fanáticos que asisten a los estadios pagan por ver las victorias no las derrotas, lo mismo para aquellos que costean la suscripción de canales y competencias deportivas televisivas. En la actualidad el triunfo es lo más codiciado por los deportistas para lo cual pondrán sus mayor ímpetu físico e inteligencia. No es de extrañar que esta sed de triunfo, haga que muchos deportistas violen normas atléticas para lograr su fin.

En este sentido, existe una vasta regulación a nivel internacional sobre lo que pudiéramos llamar la justicia deportiva, que no es otra cosa que sancionar a los atletas que hayan incurrido en trasgresión a normas de competencia e incluso normas éticas que menoscaben los valores del deporte como es la solidaridad y el ejemplo social de buen comportamiento ciudadano. La trampa es vergonzosa e humillante para quien la comete. La justicia deportiva va desde el reproche personal de otros atletas hacia aquéllos que no han actuado con limpieza en sus actividades hasta sanciones por órganos de justicia calificados.

Los valores y códigos atléticos son muy variados por cada deporte. Existen cientos de regulaciones que devienen de instancias mundiales, internacionales, federativas nacionales, jueces, árbitros, clubes y ligas profesionales. Las infracciones a las reglas de juego y competición son sancionadas por organismos técnicos especializados. La violación a códigos de conducta y valores éticos fuera del juego corresponde a los consejos de honor o comités disciplinarios con que cuenta cada club o entidad de deportiva o liga profesional.

Según la venezolana, Ley Orgánica de Deporte, Actividad Física y Educación Física (2011)[3] son sujetos sometidos a la justicia deportiva: los atletas; los deportistas; los deportistas profesionales; los entrenadores; los jueces o árbitros deportivos; el personal técnico de las organizaciones y los dirigentes afiliados y las dirigentes afiliadas al sistema asociativo.

Los órganos especializados encargados de impartir la justicia deportiva; con facultades de investigar, determinar responsabilidades y sancionar o corregir las infracciones cometidas atañe a los **(i)** jueces, árbitros durante el desarrollo de los encuentros o pruebas con sujeción a las reglas establecidas en las disposiciones que reglamentan cada modalidad o especialidad deportiva; **(ii)** clubes del deporte profesional o · no, por órgano de sus consejos de honor sobre sus miembros, deportistas, técnicos, y directivos; **(iii)** las asociaciones deportivas estadales por órgano de sus consejos de honor sobre sus miembros, deportistas, técnicos y directivos; **(iv)** federaciones deportivas por órgano de su consejo de honor sobre sus miembros y las entidades y

---

[3] Artículos 71 y siguientes de la Ley Orgánica de Deporte, Actividad Física y Educación Física (2011).

sujetos que forman parte e integran su estructura orgánica; **(v)** ligas profesionales por órgano de sus consejos de honor sobre los clubes que participan en competiciones oficiales de carácter profesional, sobre los deportistas y sobre su personal directivo y administrativo y **(vi)** un ente oficial denominado Comisión de Justicia Deportiva sobre todos los anteriores.

Debido proceso y garantías constituciones. Evidentemente todo juicio disciplinario debe contar con el debido proceso y con la garantía del derecho la defensa. En tal sentido, todo ´proceso disciplinario debe contar con pautas escritas y debidamente conocidas, la necesaria notificación de cargos; que el deportista encausado pueda acceder a la investigación y presentar sus alegatos y pruebas, contar con la asistencia jurídica y disponer de tiempo prudencial para su defensa. Por imperativo constitucional están prohibidas las sanciones permanentes; la prohibición de doble sanción por los mismos hechos, la prohibición de sancionar por infracciones no tipificadas y vale la aplicación de los efectos retroactivos favorables.

Estos procedimientos disciplinarios son conocidos por los consejos disciplinarios de la liga, torneo o federación que organice la actividad deportiva. También, los clubes o equipos cuentan con códigos de éticas que imponen sanciones particulares a los deportistas infractores.

En fin, los procedimientos a seguir en los tribunales disciplinarios por más sencillos que sean deben atender al debido proceso, a la citación del encausado, al derecho a la defensa de este, consagrado en el derecho a acceder al expediente, ser oído y de que pueda aportar los medios de pruebas pertinentes; a la notificación de la decisión y a la posibilidad de recurrir de la misma ante la jurisdicción especial deportiva correspondiente.

El Tribunal de Arbitraje Deportivo (TAS). Es el máximo organismo de arbitraje que dirime disputas en torno al deporte. Fue creado por el español, *Juan Antonio Samaranch* durante su presidencia del Comité Olímpico Internacional, para dirimir disputas durante los Juegos Olímpicos en 1984, celebrados en Los Ángeles, California. El tribunal tiene su sede en Lausana, Suiza. También tiene Corte en Nueva York y Sidney. El TAS está formado por más de 250 árbitros de más 70 nacionalidades. El TAS es un tribunal de arbitraje con la máxima fuerza ejecutiva. Es independiente de cualquier organización deportiva y tiene la función de resolver las disputas legales en el deporte a través de la figura del arbitraje. Sus sentencias tienen la misma fuerza ejecutiva que las sentencias de los tribunales ordinarios. El procedimiento de arbitraje se divide en dos fases, un primera escrita, donde se remiten las alegaciones a través de un escrito; y una segunda, la fase oral, donde son oídas las partes por los árbitros antes de tomar la decisión. El TAS suele tardar entre 6 y 12 meses en tomar una decisión, aunque está facultado para adoptar medidas cautelares, suspender la ejecución de una sanción o dictar una resolución en un período inferior de tiempo, cuando la urgencia de la situación lo requiera.

La FIFA y la extraterritorialidad de sus normas. Según Wikipedía, el fútbol internacional está controlado a nivel mundial por la Federación Internacional de Fútbol Asociación (FIFA), institución creada en 1904 como una asociación civil privada sujeta al derecho suizo, ya que tiene su sede, para nada casual, en la ciudad helvética de Zurich. La FIFA se ha vanagloriado de tener más asociados que la propia ONU, y maneja en la práctica un caudal económico impresionante basado, esencialmente, en la difusión multimedia de todos los derechos generados por el fútbol, tanto la autorización y distribución de imágenes, sonidos y otra información de los partidos que se juegan en todo el mundo como la gestión publicitaria y mercadotécnica del fútbol. La estructura organizativa de la FIFA se basa en un gobierno, a través de sus seis Confederaciones divididas por continentes y estas organizan y dirigen las competiciones nacionales, internacionales y regionales.

La FIFA también controla y organiza los Campeonatos del Mundo de fútbol en todas sus modalidades, y está dotada de su propia normativa y de sus propios órganos jurisdiccionales, habiendo creado un estatus jurídico internacional paraestatal, cuyo fundamento es su exclusiva competencia por el carácter específico del futbol como actividad promovida por los privados y la independencia de los gobiernos y si en caso de tener algún control judicial estadal este estaría a cargo de los tribunales suizos en virtud de domicilio de la FIFA en el país helvético.

Es un problema recurrente el encaje de la normativa propia del fútbol con los ordenamientos jurídicos nacionales y con los supranacionales.

Si bien el futbol es una actividad privada regida por entidades privadas, genera normas que inciden en derechos y actividades contractuales, económicos, laborales e incluso personales que están controladas por organismos nacionales y supranacionales emanados de la soberanía de sus diferentes Estados miembros, a los que no se puede soslayar alegando autonomía e independencia o la celeridad e inmediatez de sus competiciones. Por otra parte, la realidad nos dice que en la actividad futbolística hay una amplia carga de intervención pública. También, los Estados ejercen potestades administrativas hacia las federaciones locales, coordinando conjuntamente la seguridad de los eventos futbolísticos. Además, estas federaciones reciben de forma directa e indirecta dineros públicos que deben contar con mecanismo de control. Por tanto, la discrepancia sobre la jurisdicción no es fácil resolverla. A nivel mundial ya se han dado casos[4] que incidentalmente apuntan a la coexistencia de la especial legislación futbolística y la legislación ordinaria de los Estados.

---

[4] El "caso Bosman", fue resuelto por el Tribunal de Justicia de las Comunidades Europeas mediante sentencia de 15 de diciembre de 1995, que marcó un hito en las relaciones contractuales entre los clubes de fútbol y sus futbolistas. Jean Marc Bosman era un modesto jugador profesional de nacionalidad belga que jugaba en el RFC Lieja de la Liga de su país. Tras una controversia con la dirección del Club, le redujeron su salario en un 60%. Bosman intentó fichar entonces por un equipo francés de la Segunda División, el USL Dunkerque, y su Club le pidió por ello una cantidad desorbitada que ni él ni su nuevo Club podían pagar. Ante ello, se negó a jugar en la Liga belga, y fue amenazado por UEFA y FIFA de expulsión de por vida de su actividad profesional. El jugador denunció entonces el caso ante los Tribunales de su país, que desestimaron su pretensión, y armado de mucho valor y paciencia, recurrió seguidamente a los Tribunales de la Unión Europea, ejercitando la acción civil en defensa de sus derechos como deportista profesional, y denunció a UEFA alegando la nulidad de su Reglamento de transferencia de jugadores asociados. El Tribunal de las Comunidades Europeas, en la Sentencia citada, consideró que la relación entre el Club (empresa) y el jugador (trabajador) era una actividad económica sujeta al artículo 2 del Tratado de la Unión Europea, y que como el artículo 48 del mismo Tratado garantizaba la libre circulación de trabajadores, el Reglamento UEFA que regulaba la transferencia de jugadores contenía normas nulas por ser contrarias al ordenamiento jurídico comunitario." *https://hayderecho.com/2012/08/22/los-estados-fantasma-que-rigen-el-fubol-internacional-fifa-y-uefa/*

SUJETOS E INSTITUCIONES PRESENTES EN LA RELACIÓN LABORAL DEL DEPORTE PROFESIONAL

1.- El deportista profesional. 1.1.- Los menores y el contrato deportivo. 1.2.- Los cazatalentos o scouts. 1.3.- Tryout en el beisbol profesional. 1.4.- Futbol, ascenso desde categorías inferiores. 1.5.- Draft. 1.5.1.- Draft de entrada. 1.5.2.- Draft por expansión. 1.5.3.- Draft de dispersión. 1.5.4.- Draft de refuerzos. 1.6.- Las academias de desarrollo. 1.7.- Agente deportivo, o representante del deportista profesional. 1.7.1.- Funciones del representante o agente del deportista profesional. 1.7.2.- Tipo de contrato entre el agente y el deportista. 1.7.3.- Remuneración del agente deportivo. 2.- Patrono o empleador. 2.1.- Cuerpo técnico. 2.2.- Empresa o persona patrocinante. 2.3.- Federación. 2.3.1.- Federación internacional. 2.3.2.- Federación nacional.

1 .- **El deportista profesional.** Son aquellos trabajadores que participan en la práctica directa, entrenamiento, preparación física y organización de actividades deportivas, en virtud de una relación establecida con carácter regular, y se dediquen voluntariamente a la práctica del deporte por cuenta y dentro del ámbito de organización y dirección de una persona, club o entidad deportiva a cambio de una retribución. Son deportistas profesionales los boxeadores, los ciclistas, los tenistas, los beisbolistas, los futbolistas, basquetbolistas y todos los demás deportes realizado de forma rentada o profesional.[5]

En sentido estricto podemos asentir que un deportista profesional es la persona que se dedica a la práctica de un deporte para competir y a cambio percibe una remuneración[6]

---

[5] En la legislación venezolana se define la relación laboral del deportista profesional de la siguiente manera: LOTTT-articulo 218. "Son trabajadores y trabajadoras del deporte quienes actúen con carácter profesional, mediante remuneración y bajo la dependencia de una persona natural o jurídica. Se consideran en esta modalidad especial de trabajo, los deportistas, las deportistas, directivos técnicos o directivas técnicas, entrenadores o entrenadoras, preparadores físicos o preparadoras físicas, cuando presten sus servicios en las condiciones señaladas."

[6] **LODAFEF**-articulo 6. "A los efectos de esta Ley se establecen las siguientes definiciones: **Atleta:** Persona que se dedica fundamentalmente a la práctica de disciplinas deportivas olímpicas, no olímpicas, paralímpicas o no paralímpicas, en forma sistemática y de alto nivel competitivo, que posee aptitudes, formación deportiva, conducta patriótica y que pertenece de forma activa a las preselecciones y selecciones estadales y nacionales en sus diferentes categorías, con el registro de la federación y asociación deportiva correspondiente. **Deportista:** Persona que realiza habitualmente actividades deportivas para competir o recrearse, pudiendo formar parte de organizaciones deportivas. **Deportista profesional:** Persona que se dedica a la práctica de un deporte para competir y a cambio percibe una remuneración. **Practicante:** Persona que en ejecución de una actividad física persigue como fin la recreación, la salud, las interacciones humanas o el desarrollo de hábitos en pro de la cultura ciudadana y la convivencia. **Entrenador deportivo o entrenadora deportiva:** persona que se dedica fundamentalmente a ejercer la dirección, instrucción y entrenamiento de un deportista individual o de un colectivo de deportistas, deportistas profesionales o atletas. **Instructores o instructoras:** Son personas naturales debidamente acreditadas para instruir la práctica de actividades físicas o disciplinas deportivas en los establecimientos deportivos. **Juez o árbitro deportivo y jueza o arbitra deportiva:** persona que se dedica fundamentalmente a cuidar la aplicación de las reglas que determinan una disciplina deportiva, antes, durante y después de alguna competición. **Gloria deportiva**: Atleta, deportista o deportista profesional, que durante el desarrollo

Sin embargo, debemos sumar a los entrenadores deportivos, sin desmeritar a otros sujetos como los directivos técnicos y preparadores físicos lo que nos permite un sentido amplio del sujeto deportista profesional.

En sentido amplio y partiendo de la práctica deportiva, la noción de trabajador deportista es un epígrafe compuesto por los atletas, entrenadores y personal técnico que pondrán lo mejor de sí para la consecución de espectáculo en virtud de la competencia pública. Así, debemos asumir que son trabajadores del deporte además de los atletas, el cuerpo técnico constituido por los entrenadores, los preparadores físicos, sicólogos, médicos especialistas e incluso algunos directivos del club o entidad deportiva que deben incluir al personal gerencial y estadísticos.

Como corolario, afirmamos que el sujeto trabajador en el caso del deporte profesional, está constituido por los deportistas o atletas, directivos técnicos, entrenadores, preparadores físicos. Entendemos que esta descripción de actividades es de carácter enunciativo y nunca debe ser interpretada de forma taxativa o rigurosa, por lo que existen trabajadores que participan en la actividad profesional deportiva como por ejemplo médicos especialistas, sicólogos, estadísticos, etc., que están protegidos por este régimen especial de trabajo. Es común que la

---

de alguna disciplina deportiva generó satisfacción y exaltación del sentimiento nacional ante la comunidad internacional, nacional o estadal, mediante hazañas deportivas reconocidas y comprobables, durante competiciones válidas y que, aún en situación de retiro deportivo, manifieste conductas sociales ejemplares. **Organizaciones sociales promotoras del deporte**: Son las entidades o instancias creadas para la promoción, organización y desarrollo de la actividad física y el deporte, a partir de las iniciativas del pueblo organizado, conforme a las disposiciones legales del derecho privado o las que rigen la organización del Poder Popular. **Organizaciones del deporte profesional**: Son aquellas constituidas bajo las formas del derecho privado con o sin fines de lucro, con el objeto de organizar la práctica y desarrollo profesional del deporte. **Organizaciones deportivas de gestión económica**: Son entidades públicas, privadas o socio productivas, creadas bajo formas del derecho privado o conforme a las disposiciones legales sobre el Poder Popular, que se dedican a la producción y comercialización de bienes y servicios asociados a la actividad física y el deporte. **Establecimientos deportivos**: Son aquellos espacios dotados de infraestructuras deportivas idóneas, equipos especializados y personal técnico calificado, para la prestación del servicio público deportivo. Pertenecen a esta categoría, entre otros, los gimnasios, las academias y las escuelas deportivas. Se excluyen de esta definición los espacios, con finalidad deportiva ubicados en clubes sociales, recreacionales y en instalaciones laborales."

21

contratación de entrenadores o directores técnicos traiga consigo la contratación de su particular personal técnico, lo mismo ocurre con la contratación de descollantes deportistas que exigen ser acompañados por sus entrenadores personales en los clubes donde participen.

1.1.- Los menores y el contrato deportivo. Las destrezas deportivas se vislumbran desde la niñez, ello implica que los menores de edad son atraídos rápidamente por las políticas del mercado y quedan finalmente al servicio lucrativo del deporte, lo cual en muchos casos va en desmedro de su formación académica integral como personas, pero casi siempre con el "visto bueno" de los padres que vislumbran un buen futuro económico para sus hijos, además de alejarlos de este flagelo que llaman las drogas ilícitas.

En la mayoría de los países del mundo el Estado protege a los menores trabajadores fijando edades mínimas y requisitos para la forma de contratación que van más allá de la voluntad del menor.

En la generalidad de las legislaciones latinoamericanas, la mayoridad se obtiene a partir de los 18 años, pero para el trabajo formal se permite un régimen flexible. Así; en Venezuela la edad mínima para trabajar es a los 14 años y el menor o adolescente puede firmar contratos a partir de esa edad, pero con la anuencia y firma de sus representantes legales o responsables además debe someterse a exámenes físicos; a lo que se suma el visto bueno de las autoridades en materia de protección de menores y adolescentes que deben garantizar que se respeten los derechos esenciales de los menores a la educación, al descanso, a la recreación, etc.

1.2.- Los cazatalentos o scuots. El inicio de la vinculación del deportista profesional se debe a reportes de "cazatalentos" o "scouts" que son los encargados del primer contacto con miras a suscribir el contrato laboral.

El "cazatalentos" o "scouts" asiste a los diversos campos deportivos, estudia las potencialidades de los jugadores, contacta con los mismos o con sus representantes legales en caso de ser menores de edad y procede a ofertar condiciones económicas por sus servicios. Básicamente es un intermediario entre el jugador y la entidad deportiva. Existen buscadores de talentos con carácter de exclusividad para algún club o equipo y aquellos que buscan el talento y luego lo ofertan al club que ofrezca mayor rentabilidad económica.

Estos buscadores de talento evaluaran destrezas en el juego técnico y físico que son tomados en cuenta, como la estatura del jugador, el peso, los niveles de grasa corporal, su condición aeróbica, agilidad, flexibilidad y los resultados de las pruebas de fuerza máxima al cumplir ejercicios específicos.

LA SABERMÉTRIA

Es una moderna rama de las estadísticas deportivas dedicada a pronosticar comportamientos deportivos de jugadores sobre la base de sus números, estadísticas y records para hacer probabilidades sobre el futuro desarrollo individual del deportista o en el ensamblado del equipo. La irrupción de los *sabermetricos* como se les llama, en el béisbol y en el basquetbol le dio un giro muy grande a la manera de evaluar la producción de los jugadores y en base a esos pronósticos se deciden las contrataciones de los jugadores, e incluso es la guía para ubicar salarios promedio para un tipo o estilo de jugador, todo basado siempre en la estadística. En fin, la *sabermétria*, es de gran ayuda para el cuerpo técnico y la gerencia de cada club al identificar técnicamente las verdaderas fortalezas y debilidades de sus jugadores y las de los jugadores contrarios.

1.3.- Tryout en el beisbol profesional. Es un evento consistente en la evaluación del pelotero para conocer sus cualidades y condiciones. Consiste en una prueba de tres habilidades fundamentales para jugar al beisbol como lo son: correr, fildear y batear, con ciertos parámetros establecidos para la evaluación de los resultados a través de los cuales toman las decisiones de aceptar o rechazar a un pelotero. Son organizados por las academias de desarrollo del beisbol y por lo general cuentan con la presencia de los scouts o cazatalentos.

1.4.- Futbol, ascenso desde categorías inferiores. En caso del futbol, los jugadores son observados por personal técnico en las categorías inferiores de clubes o equipos. Se le extiende una ficha de exclusividad a cambio del entrenamiento, preparación y formar parte de la membrecía del club. Es allí donde se forma la vitrina de exhibición del futbolista, quien tratara de ascender hacia los equipos superiores del sistema futbolístico del club o entidad deportiva, donde de acuerdo a su desempeño será captado laboralmente.

1.5.- Draft. Según Wikipedía el draft es un proceso utilizado en los Estados Unidos, Canadá, Australia, México y otros países para poder asignar determinados jugadores a equipos o clubes deportivos. En un draft, los equipos se turnan la selección de un grupo de jugadores elegibles. Cuando un equipo elige un jugador, el equipo recibe derechos exclusivos para firmar un contrato al mismo, y ningún otro equipo en la liga podrá firmar a ese jugador.

Un draft evita costosas guerras de licitación para los jóvenes talentos y asegura que ningún equipo pueda acaparar a todos los mejores jugadores jóvenes y hacer las ligas poco competitivas. Para fomentar la paridad, los equipos que hacen mala temporada antes del draft por lo general pueden escoger en primer lugar en la postemporada.

1.5.1- Draft de entrada, que se utiliza para asignar los jugadores que recientemente han pasado a ser elegibles para participar en una liga. Dependiendo del deporte, los jugadores pueden venir de la universidad, secundaria, equipos júnior o de equipos de otros países.

1.5.2.- Draft por expansión, en la que un nuevo equipo selecciona jugadores de otros equipos en la liga.

1.5.3.-   Draft de dispersión, que en una liga de equipos supervivientes seleccionan a los jugadores en lista de una recién extinta franquicia.

1.5.4.- Draft de refuerzos. Consiste en la toma de jugadores de equipos que ya han sido eliminados de la competencia por parte de los que siguen en misma. Los equipos que ya han superado una fase se refuerzan con jugadores de equipos eliminados a fin de mantener mayor competitividad en las aspiraciones al título y lograr un mejor espectáculo. Es muy utilizado en las ligas de beisbol profesional del Caribe.

Los draft son permitidos en el acuerdo colectivo entre las ligas y los sindicatos de jugadores. En estos acuerdos también se estipula la figura de libertad contractual relativa a que después de un cierto número de temporadas, un jugador cuyo contrato haya expirado se convierte en un agente libre y puede firmar con cualquier equipo.

También exigen un salario mínimo para los recién contratados novatos.

Los draft son prácticamente desconocidos en el fútbol internacional y otros deportes profesionales fuera de América del Norte. En el futbol, la mayoría de los clubes profesionales obtienen jugadores jóvenes mediante la compra o el desarrollo de jóvenes jugadores a través de sus propias academias.[7]

1.6.- Las academias de desarrollo. Son espacios de preparación física y mental de los jugadores para los nuevos retos deportivos. Forman parte de un negocio jurídico lucrativo que debe velar por la preparación del novel deportista a objeto de "incrustarlo" en los equipos y ligas profesionales respectivas. Requiere de extensos espacios físicos así como campos deportivos. Lo recomendable es contar con un terreno amplio, que tenga espacio para al menos una cancha de medidas reglamentarias, así como aéreas para el funcionamiento de vestuarios, baños, aulas, administración y un espacio de socialización, donde los alumnos compartan luego de las clases teóricas. Los entrenadores o profesores, deben tener destrezas para el trato con niños, adolescentes y jóvenes. La mayoría de los equipos profesionales de todas las disciplinas cuentan con academias de desarrollo para su talento atlético dentro de sus estructuras organizativas, pero también existen academias independientes que prepararan al talento deportivo con miras a presentarlo a los equipos profesionales.

1.7.- Agente deportivo, o representante del deportista profesional. El agente o representante del deportista profesional debe ser un fiel conocedor de la disciplina deportiva y conocer suficientemente el entorno socio económico del deportista y de la actividad profesional a realizar, además de tener sólidos conocimientos legales, publicitarios y gran aptitud de negociador.

1.7.1.- Funciones del representante o agente del deportista profesional.

- Negociar los contratos deportivos. El agente o representante debe asesorar y orientar al deportista sobre el club más idóneo para su desarrollo profesional. Para lo que debe

---

[7] https://es.wikipedia.org/wiki/Draft

conocer la legislación relativa a los contratos laborales, civiles y mercantiles.

- Comercializar los contratos publicitarios con patrocinadores del deportista.
- Debe ser un buen conocedor de la legislación sobre publicidad y propiedad intelectual respecto a la publicación en medios de comunicación de la actividad deportiva profesional.
- Asesorarse con especialistas fiscales y tributarios para la correcta toma de decisiones.
- Debe proyectar y auspiciar la mejor imagen del deportista en redes sociales y medios de comunicación.
- Todas aquellas inherentes al mandato conferido. Recordemos que según la naturaleza de los contratos, el agente deportivo debe actuar *"como un buen padre de familia"* en el desarrollo de sus labores, logrando por sobre todas las cosas, buenos acuerdos para su representado.

1.7.2.- Tipo de contrato entre el agente y el deportista. El contrato entre el representante o agente deportivo y el deportista profesional es de naturaleza civil, no es un contrato laboral. Específicamente es un convenio de mandato; excepcionalmente, se puede suscribir contratos mercantiles sobre la gestión a realizar. La naturaleza jurídica del convenio determina su onerosidad.

1.7.3.- Remuneración del agente deportivo. Como se trata de un contrato de mediación o de mandato, la remuneración se pacta entre el representante o agente y el deportista profesional con arreglo a unos porcentajes, que dependerán de la remuneración del deportista y de los contratos de patrocinio, en los que hubiera intervenido el representante o agente deportivo.

2.- **Patrono o empleador.** La definición clásica en la legislación laboral considera por patrono o empleador a toda persona natural o jurídica que tenga bajo su dependencia a trabajadores, en virtud de una relación laboral. No obstante, la legislación especial deportiva alude a organizaciones dedicadas al deporte, restándole protagonismo a las personas naturales y estableciendo como patrono o empleador a los clubes, equipos, entidades deportivas, asociaciones, cooperativas, ligas, torneos, competencias, paradas, tours, giros, vuelta, grandes permios, escuderías, como entes públicos o privados capaces de contratar a deportistas y organizar sus actividades.

En el caso de los deportistas individuales como los boxeadores o tenistas, por lo general estos se representan solos a través de la figura de un agente o mandatario, pudiendo tener a otros trabajadores bajo su dependencia como entrenadores personales. Estas estrellas deportivas individuales según la legislación laboral son trabajadores independientes o "cuentapropistas," no obstante, ellos per se y de acuerdo a su éxito deportivo se constituyen una unidad productiva del cual dependen muchos trabajadores, ostentando la condición de patrono de aquellos que le presten servicios laborales. En la actualidad, estos deportistas estrellas constituyen empresas y corporaciones mercantiles que velan por su asuntos económicos, siendo ellos el emblema o icono de las mismas.

Las modernas legislaciones sobre el deporte han ampliado el concepto tradicional de patrono a formas jurídicas tanto de derecho público como de derecho privado, con o sin fines de lucro. Ello permite que institutos autónomos, fundaciones o empresas del Estado puedan gestionar entidades deportivas de competencia profesional al igual que la gestión privada. En este sentido, y siguiendo la modernidad legislativa, poseen la condición de patrono (i) las organizaciones del deporte profesional constituidas bajo las formas del derecho privado con o sin fines de lucro, con el objeto de organizar la práctica y desarrollo profesional del deporte y (ii) las organizaciones deportivas de gestión económica concebidas como entidades públicas, privadas o socio productivas, creadas bajo formas del derecho privado que se dedican a la producción y comercialización de bienes y servicios asociados a la actividad física y el deporte.[8]

En resumen, en la relación laboral del deporte profesional es considerado patrono o empleador, las entidades públicas o privadas con o sin fines de lucro dedicadas al deporte en una gestión competitiva que genere una actividad económica tales como los clubes, equipos, entidades deportivas, asociaciones cooperativas, fundaciones dedicadas al deporte, ligas, torneos, competencias,

---

[8] Según la venezolana Ley Orgánica de Deporte, Actividad Física y Educación Física (2011) en sus numerales 10 y 11 del artículo 6 eusdem,

paradas, tours, giros, vuelta, grandes permios, escuderías, entre otras entidades

2.1.- Cuerpo técnico. Son aquellos representantes del patrono o club deportivo con funciones de subordinación y disciplina respecto a los deportistas, actuando en beneficio de las metas y parámetros establecidos por la entidad deportiva.

El cuerpo técnico es dirigido por un manager, capitán, seleccionador, coach, dirigente, director técnico etc., acompañado por múltiples especialistas deportivos y de salud, pero siempre serán considerados representantes del club deportivo al actuar en nombre y por cuenta de éste y ejercer funciones jerárquicas de dirección o administración en la gestión deportiva.

INTEGRANTES DEL CUERPO TÉCNICO DEPORTIVO

Entrenador, director técnico, seleccionador, manager, coach, capitán, etc.: la denominación depende del deporte de conjunto. Es un entrenador encargado de la dirección, instrucción y entrenamiento de un grupo de jugadores. Es un trabajador de dirección que asume la representación directa del club ante los atletas y terceros. El entrenador, director técnico, manager, seleccionador, coach, capitán, etc., es el garante de que el cuerpo técnico haga su trabajo; tendrá la responsabilidad exclusiva de la formación de los equipos, impartirá disciplina deportiva y órdenes en el campo; fomentara la visión ganadora del conjunto. Debe vigilar la formación de los jugadores tanto en la faz deportiva como en la privada.

Auxiliares técnicos, coach de banca, entrenadores específicos: son atletas que colaboran con el entrenador, director técnico, manager, seleccionador, coach, capitán, etc.; ayudando a dar forma a sus conceptos; acompañando los entrenamientos y observando a los futuros contrincantes entre las acciones más importantes.

Preparador físico: tiene como principal función el lograr la forma física óptima de los jugadores, mantenerla el mayor tiempo posible y sobre todo en los mayores compromisos de la competición. Por ejemplo, los entrenadores de bateo o de picheo en el beisbol y los entrenadores de porteros que se encargan de áreas especificas de entrenamiento de fases del juego.

Médico: es un profesional universitario que acompaña al club y debe diagnosticar y apoyar la atención primaria ante cualquier enfermedad o lesión. Tiene como obligaciones básicas el cuidado y tratamiento de jugadores lesionados o enfermos, inicio y control de tratamientos fisioterapéuticos, control de los demás colaboradores del área de la medicina deportiva. Conforma una sección deportiva del equipo conjuntamente con los fisioterapistas, kinesiólogos y los masajistas.

Fisioterapistas: son profesionales de salud que apoyan la rehabilitación, atención y la prevención de las lesiones del aparato locomotor de los deportistas amateurs y profesionales. Los objetivos de la especialidad de fisioterapia deportiva son: **(i)** Acortar el tiempo de recuperación. Para conseguirlo es fundamental conocer el tipo de patología que ha sufrido el atleta, así como los límites fisiológicos, sin olvidar las articulaciones y estructuras vecinas de la parte lesionada. **(ii)** Adaptar el cuerpo del atleta al entrenamiento, promoviendo las condiciones óptimas del sistema músculo-esquelético para obtener el máximo de beneficios. **(iii)** Evitar riesgos los factores de riesgo. **(iv)** Saber decidir si el deportista puede volver a hacer deporte o aún no, reduciendo posibles recaídas en el futuro. **(v)** Prevenir lesiones. El profesional de la salud ayudará al deportista en la prevención de lesiones.

Kinesiólogo: evaluará la tendencia, o problemas en los movimientos respeto a la fisiología, la anatomía y la biomecánica del atleta.

Masajista: es una persona importante dentro de un cuerpo técnico por su relación con los médicos y fisioterapeutas y sobre todo con los jugadores. Su función es realizar los tratamientos mediante diferentes técnicas de masajes de acuerdo al objetivo perseguido. Con el masaje la fatiga se reduce rápidamente, se previene lesiones y se acelera la recuperación del atleta.

Psicólogo deportivo: la psicología del deporte representa una de las disciplinas de las ciencias del deporte y constituyen un campo de la psicología aplicada. En un profesional universitario que se centra en la práctica y la aplicación de la psicología del deporte a situaciones del deporte, ejercicio y actividad física. Normalmente estas personas ayudan a atletas en la mejora del rendimiento y/o en cuestiones clínicas, colaboran con los propios entrenadores y directivos. Las funciones del psicólogo del deporte permiten conocer los tipos de entrenamiento psicológico como entrenamientos de autocontrol, de capacidades psíquicas, de auto motivación, etc.

Nutricionista: son profesionales de la salud que se especializan en alimentación y nutrición y están entrenados para proveer consejos dietarios específicos para el deporte en éste caso.

Estadísticos: son aquellos encargados de las estadísticas, marcas, records y números de los jugadores además de realizar proyecciones deportivas respecto a las marcas de competición y verificar a través de métodos numéricos el comportamiento futuro del atleta.

2.2.- Empresa o persona patrocinante. No se debe confundir con la figura del patrono o persona obligada laboralmente. Los patrocinantes que pueden ser personas naturales o jurídicas, simplemente pactan un convenio mercantil de promoción publicitaria a cambio estímulos económicos o deportivos. La inclusión en esta lista es los fines de la diferenciación con el empleador. El contrato de patrocinio es de naturaleza mercantil en contraposición con el contrato de trabajo por lo que tampoco cabe la invocación de supuesta tercerización por el hecho que los deportistas promuevan la imagen de una empresa mercantil distinta al club o entidad deportiva.

2.3.- Federación. Una federación deportiva es una organización sin fines de lucro que tiene como función principal la regulación y organización del deporte en una determinada especialidad. Deben ser reconocidas por las autoridades gubernamentales del deporte de los respectivos países y obedecen a un principio de especialidad derivada del deporte que organice. Instaura y promueve el deporte pudiendo dictar reglas disciplinarias para infracciones de normas y reglamentos deportivos. Las federaciones no son patrones o empleadores de los deportistas, aunque si pueden serlo del personal técnico que contraten. No se debe confundir que por el hecho que aporten a uniformes, dietas, becas y premios a los atletas individuales se constituyen en representantes patronales. En todo caso, la legislación del trabajo las exceptúa de la presunción de laboralidad en razón a que su propósito es incomparable con una relación de trabajo y por el interés social que desempeñan en sus actividades.[9]Reiteramos que esta excepción solo abarca en estricto sentido a los atletas y no a los trabajadores contratados para la preparación los mismos como el cuerpo técnico de una selección nacional.

2.3-1.- Federación internacional. Son organizaciones responsables de un deporte a nivel internacional. Crean el conjunto de reglas comunes y organizan las competiciones oficiales.

---

[9] **LOTTT- artículo 53.** "Se presumirá la existencia de una relación de trabajo entre quien preste un servicio personal y quien lo reciba. Se exceptuarán aquellos casos en los cuales, por razones de orden ético o de interés social, se presten servicios a la sociedad o a instituciones sin fines de lucro, con propósitos distintos a los planteados en la relación laboral."

2.3.2.- Federación nacional. Son entes sin fines de lucro, encargados de organizar y promover el deporte a nivel nacional. Pueden estar constituidas por federaciones regionales o estadales además de clubes aficionados. Mantiene datas de los atletas federados y sus registros en competencia, otorgando las diversas autorizaciones de competición.

EL CONTRATO LABORAL DEL DEPORTE PROFESIONAL

Derechos y obligaciones de los sujetos en la relación laboral en el deporte profesional. Obligaciones del patrono, empleador o entidad deportiva. Obligaciones del deportista profesional. Contenido del contrato de trabajo del deportista profesional. Caracteres del contrato de trabajo del deportista profesional. Tiempo de duración del contrato de trabajo del deportista profesional. Salario o retribución del deportista profesional. Jornada laboral, régimen de descanso del deportista profesional. Vacaciones e utilidades del deportista profesional. Cesiones temporales del contrato deportivo. Cesiones definitivas del contrato deportivo.

El contrato laboral del deportista profesional,[10] se formalizará por escrito y en el mismo podrá concertarse un período de prueba y por supuesto la condición de aprobar exámenes físicos previos. El contenido del mismo no varía de otros contratos laborales, pero debe incorporar en su texto aspectos inherentes a esta

---

[10] **LOTTT** - artículo 218. "En el contrato de trabajo que suscriban los o las deportistas deberá hacerse por escrito y establecerá, expresamente, todas las condiciones pertinentes a la relación de trabajo y, especialmente, el régimen de cesiones, traslados o transferencias a otras entidades de trabajo."

especial forma de contratación.[11] Debe incluir de manera ineludible, el régimen o modalidad de cesiones o traslados a otros clubes o equipos profesionales. En este régimen de cesión o transferencia, el legislador considero la posibilidad que el deportista profesional se oponga a la cesión siempre y cuando existan razones fundadas para ello y que en el caso que la cesión sea muy lucrativa, tendrá derecho a percibir una participación equivalente a un porcentaje del beneficio establecido. Se infiere que el derecho a veto por parte deportista radica en el orden crematístico, al no recibir un monto favorable a sus aspiraciones. De todas formas, todo esto queda muy especificado en el respectivo contrato de trabajo, dada la gran onerosidad presente en la operación financiera deportiva.

Contenido del contrato de trabajo del deportista profesional

---

[11] **LOTTT-** artículo 59. "El contrato de trabajo escrito se extenderá en dos ejemplares originales, uno de los cuales se entregará al trabajador o trabajadora, mientras el otro lo conservará el patrono o la patrona. Este contendrá las especificaciones siguientes: 1. El nombre, apellido, cédula de identidad, nacionalidad, edad, estado civil, domicilio y dirección de las partes. 2. Cuando se trate de personas jurídicas, los datos correspondientes a su denominación y domicilio y la identificación de la persona natural que la represente. 3. La denominación del puesto de trabajo o cargo, con una descripción de los servicios a prestar, que se determinará con la mayor precisión posible. 4. La fecha de inicio de la relación de trabajo. 5. La indicación expresa del contrato a tiempo indeterminado, a tiempo determinado o por una obra determinada. 6. La indicación del tiempo de duración, cuando se trate de un contrato a tiempo determinado. 7. La obra o la labor que deba realizarse, cuando se trate de un contrato para una obra determinada. 8. La duración de la jornada ordinaria de trabajo. 9. El salario estipulado o la manera de calcularlo y su forma y lugar de pago, así como los demás beneficios a percibir. 10. El lugar donde deban prestarse los servicios. 11. La mención de las convenciones colectivas o acuerdos colectivos aplicables, según el caso. 12. El lugar de celebración del contrato de trabajo. 13. Cualesquiera otras estipulaciones lícitas que acuerden las partes. 14. Los demás establecidos en los reglamentos de esta Ley. El patrono o la patrona deberá dejar constancia de la fecha y hora de haber entregado al trabajador o trabajadora el ejemplar del contrato de trabajo mediante acuse de recibo debidamente suscrito por éste o ésta en un libro que llevará a tal efecto, de conformidad con los reglamentos y resoluciones de esta Ley. El otro ejemplar del contrato de trabajo deberá ser conservado por el patrono o la patrona desde el inicio de la relación de trabajo hasta que prescriban las acciones derivadas de ella."

L as partes cuentan con una amplia libertad para estipular el contenido del contrato del trabajador deportivo, además de los presupuestos validos para cada contrato, vamos a intentar precisar algunos aspectos derivados de esta especial forma convencional.

- Debe existir una cláusula de definiciones donde se precisen los conceptos relevantes que permitirán comprender el acuerdo. Quienes son las partes que se obligan; el club patrono o entidad deportiva; las definiciones de temporada, jornada, leyes, reglamentos, actividades promocionales, etc.
- Se debe incluir el objeto y la exclusividad del contrato donde el deportista se obliga como trabajador a la práctica y competición del deporte respectivo.
- En las condiciones de trabajo deben estar presentes las descripciones de la jornada y tiempos de descanso al que estará sometido el deportista (entrenamientos, concentraciones, competencias, etc.).
- Contener las declaraciones de peligro de la actividad, advirtiendo los riesgos de su práctica profesional. También el régimen de incapacidad física e inactividad parcial, así como el régimen de incapacidad permanente física o mental.
- La fijación de duración del contrato que es a tiempo determinado que puede ser prorrogado por una o varias temporadas o por partidos o torneos.
- Es importante incluir cláusulas sobre: uniformes; reglamento disciplinario, sanciones individuales; concentraciones y entrenamientos; actividades adicionales deportivas; conocimiento de los reglamentos deportivos; logros a obtener; prohibiciones.
- Detallar los beneficios: además del salario o contribución económica se debe indicar otros beneficios o premios individuales o por metas y mención a las pólizas de salud respectivas contra enfermedades y accidentes.
- Indicar claramente los derechos de imagen que establecen que el jugador cede la totalidad de los derechos de explotación de sus derechos de imagen al club así como

derechos de explotación comercial de la imagen o patrocinios.

CONTRATO DE PATROCINIO DEPORTIVO

Consiste en que un patrocinante o sponsor se compromete con ayudas económicas o de otro tipo para la realización de la actividad deportiva del patrocinado a cambio de publicidad. Supone la existencia de un patrocinador que puede ser personas naturales o jurídicas; públicas o privadas y un patrocinado que es un deportista o deportistas; clubes o equipos, torneos o eventos y la ayuda puede ser económica o en especie como entrega de dinero, suministro de material deportivo, pasajes etc.

- El contrato debe establecer el sistema de transferencia o cesiones.
- Incorporar las disposiciones relativas a la terminación del contrato y las indemnizaciones a que haya lugar.
- El régimen jurídico aplicable, medios de solución de conflictos y el sometimiento a tribunales o arbitrajes.
- Cualesquiera otras obligaciones que las partes consideren que no sean contrarias al ordenamiento jurídico.

Caracteres del contrato de trabajo del deportista profesional

Basándonos en la doctrina jurídica del Derecho del Trabajo y la ilación de la misma con la Teoría General de los Contratos, podemos afirmar que el contrato o negocio jurídico celebrado entre un deportista profesional y su empleador goza de los siguientes caracteres:

Bilateralidad: ambas partes o sea el deportista por un lado y club, equipo o entidad deportiva por la otra, se obligan recíprocamente.

Consensualidad: el convenio depende del consentimiento de las partes que gozan de total libertad siempre y cuándo respeten los imperativos dispuestos en las leyes.

Onerosidad: el deportista se compromete a poner a disposición de la entidad deportiva sus servicios profesionales y ésta se obliga a cambio a pagarle una retribución en dinero, la cual está pactada en el instrumento contractual.

De tracto sucesivo: las obligaciones y derechos de las partes son de cumplimiento reiterado o continuo.

Sinalagmático: cada parte conoce exactamente el contenido de la prestación de la otra parte.

Por tiempo determinado: Se diferencia así de las relaciones de trabajo comunes en donde lo normal es que el contrato es por tiempo indeterminado, aunque la ley venezolana prevé que a falta de estipulación respecto al tiempo determinado, el mismo puede ser considerado como a tiempo indeterminado. No obstante, esta idea – relación laboral indeterminada- es imposible en estos tiempos en virtud que la prestación de servicios deportivos se basa en el alto rendimiento del atleta y es obvio que esta facultad decae con el transcurso del tiempo.

Subordinación: consiste en el ejercicio de un poder de carácter jurídico del empleador con respecto al trabajador. En el contrato deportivo, este carácter viene dado por la adquisición del deportista por la institución o club deportivo a los fines de que se someta a las distintas instrucciones y órdenes que se le impartan, por ejemplo, el cumplimiento del horarios, traslados, horas de prácticas, dietas y alimentación, vestimenta y comportamiento, hasta el trato con los aficionados y medios de comunicación, entre otras. Estas instrucciones pueden provenir tanto de los directivos del club como del denominado "cuerpo técnico" contratado.

Poder disciplinario: el club empleador o entidad deportiva goza de facultades disciplinarias suficientes como para imponer al deportista distintas sanciones derivadas de algún tipo de incumplimiento contractual. Se trata así de otra manifestación de la relación de dependencia que une a ambos.

Ajenidad: el trabajo del deportista es un caso de desempeño de tareas por cuenta ajena, dicho carácter es tipificante de toda relación laboral. Todo lo que realice el deportista en el campo es en beneficio del club o entidad deportiva. Salvo la obtención de premios económicos individuales por su desempeño deportivo, pero a la larga también redundan en beneficio de la institución, pues los obtuvo vistiendo el uniforme del club.

Exclusividad: mientras el deportista este vinculado al club o entidad deportiva debe abstenerse de prestar servicios para otra entidad, salvo las autorizaciones expresas con fines benéficos, o el supuesto de la convocatoria a las selecciones nacionales de su país.

Continuidad: el deportista contratado debe disputar tanto los juegos para los cuales ha sido contratado como cumplir con los entrenamientos, los cuales son diarios y a veces según las circunstancia se realizan en doble turno, debe cumplir con el tiempo de concentración previa a la disputa de los partidos.

Principio de buena fe: la buena fe no está referida al comportamiento supuesto en abstracto del buen trabajador y del buen empleador, sino al comportamiento que en cada caso concreto le corresponde a un buen trabajador y a un buen empleador según la naturaleza de la relación de que se trate. Nadie pueda contratar con alguien cuya motivación sea la mala fe, o sacar ventajas de la otra, sin aportar la contraprestación indicada que motivo la convención.

Las partes están obligadas a obrar de buena fe, ajustando su conducta a lo que es propio de un buen empleador y de un buen trabajador, tanto al celebrar, ejecutar o extinguir el contrato o la relación de trabajo.

En la actualidad y en alusión a este principio, las partes son muy celosas en la aplicación de estrictos exámenes médicos como condición previa a la hora de la contratación. Además que el decaimiento del potencial deportivo del atleta es altamente visible lo que es un indicio claro de su voluntariedad negativa al no dar el cien por ciento que se requiere de él. Lo mismo sucede cuando el jugador no asiste a un partido importante sin justificación valedera.

Por supuesto, que un futbolista puede fallar una ocasión de gol o un penalti o cometer un costoso error en el campo de béisbol, pero las manifestaciones recurrentes de falta de ímpetu o de empuje en el campo en circunstancias normales del juego, encienden las alarmas y es apreciado directamente in situ por el cuerpo técnico que posee un relación subjetiva directa con el deportista.

Muchos equipos o clubes contemplan sanciones menores para esas fallas en el campo de juego, pero indudablemente, el mayor reproche es el desprecio de los fanáticos a quienes es imposible engañar sobre las habilidades del jugador.

EL ESCÁNDALO DE LOS MEDIAS NEGRAS

Durante la Serie Mundial de 1919, ocho miembros del equipo de beisbol profesional *Medias Blancas de Chicago*, fueron responsabilizados por perder intencionalmente la serie final de esa temporada frente a los *Rojos de Cincinnati*. Los ocho miembros fueron expulsados de por vida del béisbol de las Grandes Ligas. Se trato de una conspiración acordada por los jugadores con apostadores del submundo de las apuestas ilícitas. Innegablemente fue un acto de *mala fe* por parte de los jugadores.

Tiempo de duración del contrato de trabajo del deportista profesional

Evidentemente y en razón de la actividad deportiva, la forma de contratación es bajo la modalidad de tiempo determinado. Es obvio que las condiciones físicas y atléticas de los deportistas decaerán con el transcurso del tiempo lo que conlleva en sí misma una condición resolutoria de convenio. Ahora bien, para ahorrar contradicciones en este sentido, las partes acuerdan contratos de trabajo a tiempo determinado, bien para uno o varios eventos o una o varias temporadas deportivas, dependiendo del éxito o metas logradas en lo deportivo o económico. Podrán producirse prórrogas del contrato, igualmente para una duración determinada, mediante sucesivos acuerdos al vencimiento del término originalmente pactado.

Las partes cuentan con gran libertad en la flexibilización de las condiciones de contratación y a falta de estipulación expresa sobre la duración del contrato este se entenderá convenido a tiempo indeterminado.[12] De manera que, la regla es la contratación a tiempo

---

[12] **LOTTT- artículo 222.** "La relación de trabajo de los trabajadores y trabajadoras del deporte puede ser por tiempo determinado, para una o varias temporadas o para la

determinado, independientemente del número de contratos que se suscriban y la excepción a ser considerado el convenio como indeterminado, solo se da cuando las partes por alguna circunstancia no expresen en el contrato estipulación sobre este particular. Algo poco probable en estos tiempos donde los convenios son tan onerosos.

Salario o retribución del deportista profesional

Salario deportivo. En la legislación venezolana[13] el salario del deportista profesional puede estipularse por unidad de tiempo, para uno o varios eventos o partidos, funciones o temporadas deportivas. Por aplicación analógica de los principios salariales laborales, todas las percepciones que el deportista reciba del club o entidad deportiva, bien sean en metálico o en especie, como retribución por la prestación de sus servicios profesionales, a menos que exista pacto en contario establecido en el contrato individual son consideradas como salario. Es decir, pueden existir percepciones de carácter no remunerativo y cantidades que con arreglo a la legislación laboral vigente no tengan carácter salarial.

De manera especial y derivado de la condición e ímpetu humano en el éxito deportivo, se permite el relajamiento de la regla *igual trabajo, igual salario*, por lo que se pueden establecer diferentes categorías salariales en razón del tipo de competencia, liga, metas, categorías, eventos, partidos, experiencia y habilidad de los trabajadores del deporte e incluso pactar premios individuales por los logros deportivos conseguidos.

El derecho a la imagen y los contratos deportivos. Todas las

---

celebración de uno o varios eventos, competencias o partidos. A falta de estipulación expresa, la relación de trabajo será por tiempo indeterminado."

[13] **LOTTT – articulo 226.** "Salario. El salario que reciban los trabajadores y trabajadoras del deporte podrá estipularse por unidad de tiempo para uno o varios eventos, partidos o funciones para una o varias temporadas."

LOTTT – articulo 227. "Excepciones al Principio de igualdad salarial. No constituye violación al principio de igualdad salarial las disposiciones que estipulen salarios diferentes para trabajos iguales por razón de la categoría de los eventos, partidos o funciones de los equipos o de la experiencia y habilidad de los trabajadores y trabajadoras del deporte."

legislaciones del mundo consagran el respeto al derecho de la imagen propia, consagrando tal derecho como personalísimo, que permite a la persona que su imagen no sea explotada comercialmente, sin su consentimiento. Las constituciones políticas de los Estados reconocen y garantizan el derecho al honor, a la intimidad familiar y a la propia imagen, como derechos fundamentales, inviolables e inherentes a la persona y a su dignidad, consagrando el derecho a la propia imagen como un derecho fundamental que deriva de la dignidad de la persona y que impide su renuncia y disposición necesitándose su consentimiento para la captación y publicación de la misma, pero ello permite una contradicción con el principio de ajenidad presente en todo contrato laboral.

Al suscribir un contrato laboral, los deportistas ceden la imagen que de ellos se produce en cada espectáculo deportivo en el que participan a cambio de de salario o retribución. Si bien, las imágenes pertenecen al club o entidad deportiva, ¿cómo entender que sin firmar de manera expresa la cesión del derecho a la imagen, esta pueda ser usada comercialmente por el club? La respuesta es sencilla, el contrato de trabajo supone la cesión del derecho a la imagen en virtud de la relación de subordinación o ejercicio de un poder de carácter jurídico del empleador sobre el trabajador que se materializa en el cumplimiento de órdenes e instrucciones de comportamiento, mientras se realiza el servicio deportivo. Lo anterior es reforzado por el principio laboral de la ajenidad que fija que el trabajo del deportista es por cuenta ajena. Todo lo que realice el deportista en el campo es en beneficio del club o entidad deportiva, lo que incluye la imagen en la publicidad institucional del equipo.

Derecho a la imagen y el salario. Resuelto lo anterior, una complicación surge al observar que la explotación económica de la imagen mantiene elementos propios que permiten catalogarla como salario. En este supuesto, la duda debe ser decidida en el propio contrato individual de trabajo. En el mismo, se debe expresar tajantemente, si la utilización de la imagen tiene naturaleza salarial capaz de generar mayores ventajas económicas al trabajador deportista o si por el contrario el trabajador cede tal posibilidad al deducir que la imagen y su explotación comercial le pertenecen en su totalidad y diversas facetas y poses al club. Entiéndase que el club tiene derechos a la imagen institucional del deportista, pero su explotación comercial más allá de la publicidad institucional del club debe contar con la anuencia de este.

En consecuencia, la explotación de los derechos de imagen, más allá de las imágenes institucionales, y el monto a cobrar por dicho concepto se debe establecer en el contrato, de trabajo. En caso que no se diga nada en el convenio, la retribución por el uso de la imagen del deportista, puede ser calificada como de naturaleza carácter salarial.

En resumen, desde el momento, que el deportista accede a jugar con un club o entidad deportiva, a dicho club le pertenecen los derechos de imagen del jugador en las actuaciones deportivas e institucionales. Si bien una regulación sobre el eventual contenido patrimonial de los derechos de imagen del deportista puede ser independiente de las estipulaciones contractuales laborales, tal independencia debe de ser categórica e indubitable y en el mismo contrato laboral, pues de lo contrario se corre el riesgo para el patrono que la utilización económica de la imagen del trabajador sea considerada como salario.

Jornada laboral; régimen de descanso del deportista profesional

La jornada de los deportistas depende de las características de la propia actividad. Comprende, la exposición al público en el respectivo espectáculo deportivo, como el tiempo en que esté bajo las órdenes directas del club o entidad deportiva a efectos de entrenamiento o preparación física y técnica para la competición.

En el supuesto que el tiempo de entrenamiento exceda del límite legal o convencionalmente establecido, el patrono o entidad deportiva establecerá compensaciones especiales. No obstante, es en el respectivo contrato individual de trabajo o por acuerdo colectivo que se debe fijar la jornada con alusión a los lapsos de adiestramiento pre y post partido, las concentraciones, el hospedaje, y el tiempo de viaje y traslados.

Existe la obligación del patrono de conceder días de descansos compensatorio cuando el evento deportivo ocurriere o bien en días de descanso semanal o en días domingos. Por la naturaleza de la labor que desarrollan los deportistas profesionales no se aplicaran, las disposiciones legales sobre horas extras, trabajo nocturno y tiempo de transporte.

Vacaciones e utilidades del deportista profesional

Los deportistas profesionales tendrán derecho a unas vacaciones anuales remuneradas de un mínimo de quince días hábiles así como el pago del bono vacacional respectivo de acuerdo lo previsto en la legislación venezolana (LOTTT- artículos 190 y siguientes), cuya época de disfrute, así como su posible fraccionamiento, se acordarán en el contrato individual o acuerdo colectivo si fuere el caso. Las utilidades o bonificaciones de fin de año (LOTTT- artículos 131 y siguientes) se protegen con el pago de un mínimo de treinta días de salario normal. Queda entendido que estas cantidades de refieren a mínimos legales, pero el respectivo contrato individual o acuerdo colectivo podrá aumentar considerablemente estos montos.

Cesiones temporales del contrato deportivo

El deporte profesional es un negocio muy lucrativo, además que las ansias subjetivas por el titulo o buena participación en un torneo o liga, el ánimo de triunfo, hace que la competencia se traslade a la gerencia o directivos para contar con los jugadores y conformar un club ganador. Por tanto, es común las cesiones o traspasos de deportistas con el fin de lograr un mejor ensamblaje en el equipo o club para obtener el empuje que los haga contendientes hacia las metas que se han trazado.

Existen reglas específicas sobre el traslado o cesión de deportistas para que el club o entidad deportiva pueda ceder temporalmente los servicios de un deportista profesional, con el consentimiento expreso de éste, si así estuviere establecida en el respectivo contrato laboral. Es comprensible que la cesión no debe ocasionar desmejora en las condiciones de trabajo y económicas del deportista, lo que pudiera dar lugar a un despido indirecto al no respetarse el principio laboral conocido como el respeto de la condición más beneficiosa del trabajador, de allí que el mismo pueda vetar la cesión alegando las causas expresas que justifique su oposición.[14]

En el acuerdo de cesión se indicará expresamente la duración de la misma, que no podrá exceder del tiempo que reste de vigencia del contrato del deportista profesional con el club o entidad de procedencia.

El club cesionario quedará subrogado en los derechos y obligaciones del club cedente, respondiendo ambos solidariamente del cumplimiento de las obligaciones laborales y de la seguridad social.

Si la cesión tuviera lugar mediante contraprestación económica, el deportista tendrá derecho a percibir la cantidad acordada en pacto individual o colectivo.

Cesiones definitivas del contrato deportivo

Constituye una regla bien definida que cada convenio deportivo conlleva la cesión definitiva a otro club. Ello es una consecuencia de la conjunción de los caracteres de exclusividad y ajenidad presentes ene contrato laboral, que mientras esté vigente, otorga al club la facultad de vender, cambiar, ceder y traspasar el contrato.

Es algo natural que los jugadores se coinviertan en fichas de cambio para que los equipos ensamblen un *team world*[15]. Por otra parte y dada la carga subjetiva que recae sobre la actividad deportiva, muchos clubes estudian con detenimiento la figura del jugador, su comportamiento dentro y fuera del terreno y sus posible engranaje en sus estructuras atendiendo a sus condiciones físicas, su liderazgo, su ímpetu deportivo, sus necesidades de arraigo familiar y su actitud disciplinaria. A manera de ejemplo, desde la perspectiva del deportista, además de lo económico, a los jugadores les gustan clubes

---

[14] LOTTT- **artículo 221.** Los trabajadores y trabajadoras del deporte podrán oponerse a la transferencia cuando existan causas que justifiquen su oposición

[15] *World Team o Team World* es una designación para un equipo deportivo con muchos jugadores estrellas; que está confeccionado para ganar el título de la competición.

donde puedan desarrollarse como estrellas principales y no estar condenados a las suplencias; les agrada ciudades cercana a sus casas para estar más tiempo con sus familias e hijos. Desde la perspectiva de los empleadores, además del negocio económico, les agrada jugadores sin problemas disciplinarios y que no tengan un liderazgo negativo sobre los otros jugadores. De allí que las cesiones definitivas constituyen un negocio jurídico que en muchas oportunidades se fragua en muchos meses, y le da dinamismo a las ligas y competiciones, sumado a la gran orbita mediática que genera en la actualidad los cambios de jugadores.

CASO: STEVE CARLTON

A raíz de una disputa salarial, el dueño del equipo Cardenales de San Luis ordenó en cambio de Carlton a los Filis de Filadelfia para la temporada de 1972, un modesto equipo sin nada que buscar en el campeonato de beisbol (MLB). En la primera temporada de Carlton con Filadelfia, encabezó la liga en victorias (27), juegos completos (30), ponches (310), y ERA (1.97), a pesar de jugar para un equipo cuyo registro final fue de 59-97. Su actuación 1972 le valió su primer premio Cy Young y el Cinturón Hickok como el atleta profesional superior del año. Su porcentaje de victorias del 46% de victorias de su equipo que la temporada es un récord en la historia de Grandes Ligas moderna. Fuente: Wikipedía

---

César Luis Barreto Salazar

LA TERMINACIÓN DE LA RELACIÓN DE TRABAJO EN EL DEPORTE PROFESIONAL

Despido. Despido justificado. Despido injustificado. Retiro del deportista. Por mutuo acuerdo de las partes. Extinción del contrato por vencimiento del plazo. Causas ajenas a la voluntad de las partes. Por muerte, accidente, lesión o enfermedad profesional. Accidente o enfermedad común.

En la mayoría de las legislaciones latinoamericanas, la relación de trabajo puede terminar por despido, retiro, voluntad común de las partes o causa ajena a la voluntad de ambas.

Analicemos brevemente estas causales refiriéndolas con la vinculación laboral del deportista profesional.

Despido. Es la manifestación de voluntad unilateral del patrono o entidad deportiva de poner fin a la relación de trabajo que lo vincula con el deportista. Puede ser: justificado, cuando el trabajador deportista ha incurrido en una causa prevista en el contrato o en la ley laboral respectiva e injustificado cuando el deportista no haya incurrido en causa convencional o legal que lo justifique.

Despido justificado. La ley laboral venezolana[16] establece los supuestos de procedencia de esta figura que tiene por finalidad

---

[16] **LOTTT - artículo 79.** "Serán causas justificadas de despido, los siguientes hechos del trabajador o trabajadora: a) Falta de probidad o conducta inmoral en el trabajo. b) Vías de hecho, salvo en legítima defensa. c) Injuria o falta grave al respeto y

sancionar al deportista que ha dado lugar a la misma. La potestad de rescisión por esta causal deriva del poder disciplinario que la ley le otorga al patrono o club empleador.

Las consecuencias de la extinción contractual por causas justificadas son de carácter económico y de manera colateral y subjetiva puede afectar el desarrollo futuro del trabajo del deportista, en atención que ningún club o entidad deportiva le agrada un deportista con problemas disciplinarios.

Existen casos de deportistas, que han cometido delitos comunes e inmediatamente el club los despide o sanciona suspendiéndoles de sus filas, independientemente de la vigencia del contrato. Ello es comprensible. La actividad deportiva se funda en valores de libre competencia, honorabilidad y ejemplo para las familias y fundamentalmente para la juventud deseosa de encontrar en líderes deportivos ejemplos a seguir. Aunque según las legislaciones mundiales sobre derechos humanos nadie puede ser discriminado o

---

consideración debidos al patrono o a la patrona, a sus representantes o a los miembros de su familia que vivan con él o ella. d) Hecho intencional o negligencia grave que afecte a la salud y la seguridad laboral. e) Omisiones o imprudencias que afecten gravemente a la seguridad o higiene del trabajo. f) Inasistencia injustificada al trabajo durante tres días hábiles en el período de un mes, el cual se computará a partir de la primera inasistencia. La enfermedad del trabajador o trabajadora se considerará causa justificada de inasistencia al trabajo. El trabajador o trabajadora deberá, siempre que no existan circunstancias que lo impida, notificar al patrono o a la patrona la causa que lo imposibilite para asistir al trabajo. g) Perjuicio material causado intencionalmente o con negligencia grave en las máquinas, herramientas y útiles de trabajo, mobiliario de la entidad de trabajo, materias primas o productos elaborados o en elaboración, plantaciones y otras pertenencias. h) Revelación de secretos de manufactura, fabricación o procedimiento. i) Falta grave a las obligaciones que impone la relación de trabajo. j) Abandono del trabajo. k) Acoso laboral o acoso sexual. Se entiende por abandono del trabajo: a) La salida intempestiva e injustificada del trabajador o trabajadora durante las horas laborales del sitio trabajo, sin permiso del patrono o de la patrona o de quien a éste represente. b) La negativa a trabajar en las tareas a que ha sido destinado, siempre que ellas estén de acuerdo con el respectivo contrato o con la Ley. No se considerará abandono del trabajo, la negativa del trabajador o trabajadora a realizar una labor que entrañe un peligro inminente y grave para su vida o su salud. c) La falta injustificada de asistencia al trabajo de parte del trabajador o trabajadora que tuviere a su cargo alguna tarea o máquina, cuando esa falta signifique una perturbación en la marcha del proceso productivo, la prestación del servicio o la ejecución de la obra."

perseguido por sus antecedentes penales,[17]en el deporte, esa premisa no se cumple del todo. Ello obedece a que la actividad deportiva constituye un práctica iconográfica de los mejores valores de la sociedad y al igual que como ocurre con el dopaje, el deportista que incurra en delitos penales, obtiene en muchos casos la peor sanción, como es el rechazo de la fanaticada. Veamos algunos beisbolistas venezolanos con problemas penales o causas que pueden originar la extinción o suspensión contractual por causas justificadas.

CASO: UGUETH URBINA

El lanzador Ugueth Urbina fue condenado a más de 14 años de prisión el martes 27 marzo de 2007, luego de ser hallado culpable de homicidio frustrado por un tribunal de primera instancia. Fue condenado a cumplir condena de 14 años y 4 meses de prisión, tras ser hallado culpable de homicidio en grado de frustración. Salió en libertad en el año 2012.

CASO: WILLIAMS PÉREZ

El pitcher Williams Pérez, fue arrestado el 8 de febrero de 2018, tras disparar de forma accidental a su entrenador causando su muerte durante unas prácticas, en el estado Portuguesa, no es el único caso que lleva a un pelotero profesional a enfrentarse con la justicia por el uso de armas de fuego. Pérez fue puesto a la orden del Cuerpo de Investigaciones Científicas, Penales y Criminalísticas (Cicpc) tras admitir su vinculación con la muerte de quien fuera su entrenador desde la infancia, César Quintero (52 años). El lanzador de Cardenales de Lara fue imputado por porte ilícito de arma de fuego y homicidio culposo.

---

[17] **LOTTT- artículo 21.** "(…) Ninguna persona podrá ser objeto de discriminación en su derecho al trabajo por tener antecedentes penales."

CASO: FRANCISCO BUTTÓ

Su carrera se vio afectada en febrero de 2007 cuando fue declarado culpable de "homicidio culposo" por la muerte del batboy de los Tigres de Aragua el 30 de enero de 2006, en una feria de comida en Maracay.

CASO: JULIO MACHADO

El jugador estuvo involucrado en la muerte de una mujer en Barquisimeto, estado Lara, en diciembre de 1991.Machado, ex jugador de Medias Rojas de Boston y Cerveceros de Milwaukee, tuvo un altercado con un conductor mientras circulaba en la capital larense. Enfurecido, el lanzador sacó un arma y disparó al otro vehículo causando la muerte a una dama. El ex serpentinero de Águilas del Zulia alegó que disparó en defensa propia al pensar que sería víctima de un robo. Sin embargo, en 1996 fue sentenciado a 12 años de prisión.

CASO: FELIPE VÁSQUEZ

Fue arrestado en 2019 en Pittsburgh, Estados Unidos por una orden de delito grave donde los cargos incluyen agresión sexual, contacto ilegal con un menor, corrupción de un menor y agresión indecente. El venezolano enfrenta cargos por solicitar sexo a una menor de edad, por conducta sexual ilegal usando una computadora (o dispositivo) y entregar material obsceno a un menor.

CASO: ODUBEL HERRERA

El Comisionado de la MLB, Rob Manfred, anunció el viernes que, Odubel Herrera no podrá continuar la temporada con los Filis de Filadelfia y fue suspendido de su paga, en la que incluye la posible postemporada para el conjunto de la

División Este en la Liga Nacional. El jardinero zuliano, fue arrestado en Atlantic City, New Jersey, el 27 de mayo de 2019 cuando agredió físicamente a su pareja. Al día siguiente, los Filis colocaron en la lista administrativa de suspensión.

"(...) Herrera violó la Política Conjunta sobre Violencia Doméstica, Agresión Sexual y Abuso Infantil. Habiendo revisado la evidencia, he concluido que el Señor Herrera violó la política y debe ser sujeto a medidas disciplinarias, tal como una suspensión no pagada por el resto de la temporada 2019", declaró el comisionado Manfred."
https://www.lvbp.com/7673_odubel-herrera-suspendido-por-lo-que-resta-de-temporada

Despido injustificado. Esta prerrogativa patronal tiene como contrapartida el pago de las indemnizaciones correspondientes. Simplemente el patrono despide al deportista sin que medie causa que lo justifique. En este caso debe indemnizar al trabajador con pagos adicionales a sus prestaciones sociales además de todo el tiempo que le reste del contrato laboral.

EL BAJO RENDIMIENTO DEL JUGADOR PROFESIONAL NO ES UNA CAUSA DE DESPIDO JUSTIFICADO

El club puede optar ante el bajo rendimiento por la cesión o cambio a otro club o *"dejarlo en libertad"* a fin de que este pueda gestionar nuevas contrataciones. No obstante, un jugador con bajo rendimiento y que por ende no puede ayudar a su club, se hace incomodo incluso para los aficionados cuya finalidad es aupar los éxitos colectivos del equipo, de allí que estas decisiones de recisión unilateral, son justificadas por la dirección del club y por los fanáticos.

El jugador que se considere despedido sin causa solo le queda exigir el cumplimento de contrato. Recordemos que la entidad deportiva o club goza de ciertas facultades que le son privativas, entre estas, la rescisión unilateral del contrato así como fijar el día y la hora de los entrenamientos, pudiendo efectuar los cambios que estime convenientes, pero respetando el límite que el propio convenio impone, el cual consiste en no causar modificaciones lesivas y dañinas al deportista.

Retiro del deportista. Es la manifestación de voluntad unilateral del trabajador de poner fin a la relación de trabajo, siempre y cuando la misma se realice en forma espontánea y libre de coacción. Puede ser retiro **injustificado** cuando de manera simple se procede a rescisión unilateral lo que amerita los pagos indemnizatorios previstos en el contrato de trabajo a favor del patrono. También el retiro puede ser **justificado** cuando el patrono da lugar o incide directamente en la decisión del trabajador.[18]

---

[18] **LOTTT - artículo 80.** "Serán causas justificadas de retiro los siguientes hechos del patrono o de la patrona, sus representantes o familiares que vivan con él o ella: a) Falta de probidad. b) Cualquier acto inmoral en ofensa al trabajador o trabajadora o a miembros de su familia que vivan con él o ella. c) Vías de hecho. d) Injuria o falta grave al respeto y consideración debidos al trabajador o trabajadora o a miembros de su familia que vivan con él o ella. e) La sustitución de patrono o patrona cuando el trabajador o trabajadora considere inconveniente la sustitución para sus intereses. f) Omisiones o imprudencias que afecten gravemente a la salud y seguridad del trabajo. g) Cualquier acto que constituya falta grave a las obligaciones que le impone la relación de trabajo. h) Acoso laboral o acoso sexual. i) En los casos que el trabajador o trabajadora haya sido despedido o despedida sin causa justa y, luego de ordenado su reenganche, él o ella decida dar por concluida la relación de trabajo. j) Cualquier acto constitutivo de un despido indirecto. Se considerará despido indirecto: a) La exigencia que haga el patrono o la patrona al trabajador o trabajadora para que realice un trabajo de índole manifiestamente distinta de aquel al que está obligado u obligada por el contrato o por la Ley, o que sea incompatible con la dignidad y capacidad profesional del trabajador o trabajadora, o de que preste sus servicios en condiciones que acarreen un cambio de su residencia, salvo que en el contrato se haya convenido lo contrario o la naturaleza del trabajo, implique cambios sucesivos de residencia para el trabajador o trabajadora, o que el cambio sea justificado y no acarree perjuicio a éste o ésta. b) La reducción del salario. c) El traslado del trabajador o trabajadora a un puesto inferior. d) El cambio arbitrario del horario de trabajo. e) Otros hechos semejantes que alteren las condiciones existentes de trabajo. No se considerará despido indirecto: a) La reposición de un trabajador o trabajadora a su puesto original, cuando sometido a un período de prueba en un puesto de categoría superior se le restituye a aquél. El período de prueba no podrá exceder de noventa días. b) La reposición de un trabajador o trabajadora a su puesto original después de haber desempeñado temporalmente, por tiempo que no exceda de ciento ochenta días, un puesto superior por falta del titular o de la titular de dicho puesto. c) El traslado temporal de un trabajador o trabajadora, en caso de emergencia, a un puesto inferior, dentro de su propia ocupación y con su sueldo anterior, por un lapso que no

Los efectos patrimoniales del retiro justificado, son similares los del despido injustificado razón por lo que el deportista tendrá derecho a las indemnizaciones respectivas previstas tanto en la ley como en el contrato.

Por mutuo acuerdo de las partes. Evidentemente las partes podrán extinguir el contrato de común acuerdo en cualquier época, en cuyo caso el deportista quedará en libertad de contratación con nuevos clubes o entidades deportivas.

Si la extinción por mutuo acuerdo tuviese por objeto la cesión definitiva del deportista a otro club o entidad deportiva, se atenderá a lo que las partes pacten sobre condiciones económicas de conclusión del contrato laboral.

Extinción del contrato por vencimiento del plazo. Los contratos de trabajo del deportista profesional son a tiempo determinado, por lo que es común que la vinculación finalice a la llegada del término. Las prorrogas deben ser escritas y la única forma que la relación de trabajo se transforme en tiempo indeterminado es que las partes no haya hecho alusión al termino en los contratos firmados, cuestión altamente difícil de suceder en estos días de expresas y mediáticas contrataciones.

Causas ajenas a la voluntad de las partes. Respecto a las causas ajenas a la voluntad de las partes[19] por las cuales puede extinguirse la relación laboral, es inexorable analizar los supuestos de muerte e incapacidad laboral como causas ajenas a la voluntad de las partes que ponen fin a la vinculación.

---

exceda de noventa días. En todos los casos donde se justifique el retiro, el trabajador o la trabajadora tendrá derecho a recibir, además de sus prestaciones sociales, un monto equivalente a éstas por concepto de indemnización."

[19] Reglamento de la Ley Orgánica del Trabajo (2006) Artículo 39.- "**Causas ajenas a la voluntad**: Constituyen, entre otras, causas de extinción de la relación de trabajo ajenas a la voluntad de las partes: a) **La muerte del trabajador o trabajadora. b) La incapacidad o inhabilitación permanente del trabajador o trabajadora para la ejecución de sus funciones.** c) La quiebra inculpable del patrono o patrona. d) La muerte del patrono o patrona, si la relación laboral revistiere para el trabajador o trabajadora carácter estrictamente personal. e) Los actos del poder público; y f) La fuerza mayor."

Por muerte, accidente, lesión o enfermedad profesional. En caso de producirse alguno de estos infortunios en el desarrollo de la actividad deportiva, corresponde las indemnizaciones previstas en las leyes especiales que regulan todo lo concerniente al régimen de accidentes y enfermedades profesionales. En este supuesto, el deportista deberá ser auxiliado por las autoridades del Instituto Nacional de Prevención y Salud Laboral (INPSASEL) que debe investigar el accidente u enfermedad profesional, certificando la patología y estableciendo las indemnizaciones legales permitidas, dejando a salvo la posibilidad que el deportista o sus familiares puedan acudir a los tribunales laborales para demandar indemnizaciones por daños materiales (lucro cesante y daño emergente) y daños morales, además de lo previsto en el contrato de trabajo.

CASO: LUIS SALAZAR

El ex grande liga **Luis Salazar** quien jugó su carrera en Venezuela con los Tiburones de La Guaira, sufrió la pérdida del ojo izquierdo como consecuencia del impacto recibido por la línea bestial conectada por el receptor de los Bravos, Brian McCann el miércoles 9 de marzo de 2011 pero no se produjo ningún daño cerebral que pueda afectar su rendimiento como dirigente. Todo ocurrió durante los entrenamientos primaverales del equipo con ocasión al inicio de la temporada de béisbol. Como fue una incapacidad permanente y parcial, el pelotero siguió con sus labores como técnico beisbolero.

CASOS DE JOSÉ CASTILLO Y LUIS VALBUENA

Los jugadores **José Castillo y Luis Valbuena**, de los Cardenales de Lara de la Liga Venezolana de Béisbol Profesional, fallecieron el 12 de diciembre de 2018 en un accidente de tránsito en el estado de Yaracuy (noroeste), confirmó la novena cuatro veces campeona de la pelota invernal de Venezuela. (…) Los peloteros se trasladaban desde Caracas hasta Barquisimeto, donde hoy los Cardenales recibirán a los Bravos de Margarita, junto al también jugador

Carlos Rivero, quien sobrevivió al accidente y recibe atención médica. (…) Castillo, un jardinero apodado "El Hacha" por su destacada ofensiva, era uno de los jugadores más representativos de la Lvbp, donde jugó con equipos como Leones del Caracas, Bravos de Margarita, Caribes de Anzoátegui, Tiburones de La Guaira, Tigres de Aragua y los ya mencionados Cardenales. También jugó con los Chiba Lotte Marines de la liga de Japón y con varios equipos del circuito mexicano, esta última etapa entre 2011 y 2016. En las Grandes Ligas defendió a los Piratas de Pittsburgh, Gigantes de San Francisco y Astros de Houston Astros entre 2004 y 2008. En tanto que Valbuena, defensor de la tercera y primera base, jugó 11 años en las ligas mayores con los Marineros de Seattle, Indios de Cleveland, Cachorros de Chicago, Astros de Houston y Angelinos de Anaheim, equipo que lo dejó libre el pasado agosto.

"fuente: tps://www.telemundodeportes.com/beisbol/mueren-dos-jugadores-de-equipo-de-beisbol-venezolano-en-accidente-de-trafico

Accidente o enfermedad común. Como consecuencia del accidente o de la enfermedad común sucede la existencia de un obstáculo que impide ejecutar normalmente la prestación de trabajo contratada. Dicho obstáculo o impedimento se refiere a no poder cumplir con las metas deportivas. Esta imposibilidad tendrá carácter sobrevenido, es decir, que apareció con posterioridad al nacimiento de la vinculación laboral y permite la existencia de una relación de causalidad entre el evento sobrevenido, accidente o enfermedad y la imposibilidad de la prestación de servicios deportivos.

La imposibilidad que afecta el objeto de la prestación de servicios determina la extinción *ipso iure*, del negocio jurídico contractual como es la incapacidad de seguir con la prestación de servicios deportivos.

Como corolario y en atención a la apotegma legal de la primacía de la realidad, la causa real de la terminación de la relación de trabajo es ajena a la voluntad de las partes; es evidente que el vínculo laboral expirara por una causa fuera del control de la voluntad de las partes dada la ocurrencia sobrevenida de la incapacidad para el trabajo deportivo. Corresponderá a las partes fijar las condiciones y contraprestaciones que correspondan por esta causa sobrevenida.

LOU GEHRIG, EL HOMBRE POR EL QUE MUCHOS CONOCEN LA ESCLEROSIS LATERAL AMIOTROFIA

Era el 4 de julio de 1939 y el que fuera uno de los grandes jugadores de béisbol del mítico New York Yankees estadounidense, se despedía ante más de 61 000 espectadores en su estadio. **Lou Gehrig había recibido apenas 16 días antes un diagnóstico de esclerosis lateral amiotrofia**, después de meses de un declive acelerado que ya no se podía justificar por la edad o por el desgaste de 2130 juegos consecutivos jugados, un record que solo se rompió 56 años después.

Lou Gehrig tenía 36 años, cumplidos el mismo día que recibió el diagnóstico, y sin dudas no tenía idea que su nombre terminaría por asociarse ya para siempre a la enfermedad que puso fin a una carrera espectacular."

Su estilo lo llevo ser conocido como el caballo de hierro. El diagnostico oficial le fue comunicado el mismo día de su cumpleaños 19 d junio de 1939. Falleció el 2 de junio de 1941.

Fuente: Dunia Chappotin en https://infotiti.com/2018/01/lou-gehrig-esclerosis-lateral-amiotrofica/

DERECHO COLECTIVO Y ASOCIACIONES SINDICALES DE LOS DEPORTISTAS PROFESIONALES

Enfoque sindical internacional. Contexto económico y social del sindicalismo deportivo. Características del las asociaciones o gremios de deportistas profesionales. Utilizan la personería jurídica de asociaciones civiles. Las juntas directivas están compuestas en su mayoría por deportistas no activos retirados de la competencia. La lucha reivindicativa de estas asociaciones no gira en torno a la consecución de buenos salarios o retribuciones sino en lograr beneficios sociales.

Enfoque sindical internacional

En países europeos y en Estados Unidos los deportistas profesionales cuentan con fuertes asociaciones gremiales o sindicatos que les permiten defender sus derechos individuales. En América latina, las organizaciones de atletas por reivindicaciones están alineadas en torno al deporte de mayor arraigo profesional como es el futbol. Pocos deportes, más allá de balompié cuentan con asociaciones sindicales representativas de los deportistas. Ello se debe a la masificación de este deporte en los sectores medios y bajos de la población que ven en la práctica del futbol no solo un deporte de conjunto, integrador y amistoso, fácil de jugar; con reglas sencillas, sino que su práctica organizada y exitosa puede ser un vehículo de ascenso social y por ende generar riquezas.

Este estudio probablemente pueda ser concebido por algunos, como una *"predica en el desierto"* por el poco impacto que tienen los sindicatos de deportistas en la región latinoamericana, con la excepción de robustos gremios futbolísticos en Argentina, Brasil y México.

Sin embargo, la institución sindical para deportistas existe en nuestros códigos y leyes del trabajo por lo que su estudio a pesar de no tener la relevancia de otros sindicatos de trabajadores involucrados en la producción de bienes y servicios que impactan y benefician a toda la sociedad; que protagonizan conflictos que involucran a difusos intereses y colectivos; en contrates con los sindicatos de deportistas que solo cuentan con el interés de los aficionados de determinada disciplina.

La tendencia del poco poder de convocatoria de los sindicatos de deportistas se está revirtiendo en atención a que el deporte profesional, a pesar de ser percibido como un pasatiempo o entretenimiento social, se ha constituido en una autentica industria con amplia penetración cultural en todos los sectores sociales.

La extraordinaria rentabilidad del negocio deportivo aunado a las ingentes cantidades de dinero por derechos de televisión, además de su asociación con apuestas económicas licitas e ilícitas hacen del deporte profesional un espectáculo de primer orden, un buen negocio o un *"negocio redondo"* a lo que se suma la publicidad y la estrafalaria orbita mediática que gira en torno a los equipos y sus exitosos jugadores.

El éxito económico también trae consigo derechos y consiguientes obligaciones de los deportistas a cambio de buenos salarios y bonificaciones, además de la anhelada fama.

En este contexto, existe la regulación del trabajo deportivo, lo que conlleva a discutir condiciones laborales para la práctica deportiva con fines lucrativos. De forma simple, la vinculación laboral surge con un contrato preparatorio y accesorio al principal como es la ficha o exclusividad con el deportista; luego vendrá el contrato de trabajo regido por leyes laborales y por una gran prevalencia de la autonomía de la voluntad de las partes y finalmente este debe estar enmarcado en la acción colectiva gremial a fin de no crear discriminación, más allá de las legalmente permitidas, relacionadas con el éxito individual.

El empuje sindical no constituye un obstáculo, aun mas, favorece el éxito económico de ligas y torneos al crear competencias más equilibradas. A manera de ejemplo, en España existe la poderosa **Asociación de Futbolistas Españoles** desde hace mas de 42 años, que es un ente que se dedica a velar por los derechos laborales, condiciones sociales y económicas de la gran cantidad de futbolistas con que cuenta el país ibérico para sostener sus diversas ligas y competencias. El gremio futbolístico español está pendiente del crecimiento y adecuada preparación de los futbolistas que nutrirán las ligas y fecundaran un mejor espectáculo.

En los Estados Unidos de América, hay cuatro principales ligas profesionales de Estados Unidos (**NBA, NFL, MLB y NHL**) con sus respectivos sindicatos.

Existe un robusto sindicato de jugadores de la liga de basquetbol (**NBA**) que recientemente eligió a una mujer, como su dirigente, convirtiéndola en la primera mujer en liderar un sindicato deportivo varonil en Estados Unidos.

Desde 1956, la **NFL** *Players Association* es una organización sindical de los jugadores de la liga de futbol profesional americano, encargada de la defensa de sus afiliados respecto a sus salarios y condiciones socioeconómicas y laborales; protegen los derechos de los jugadores como atletas profesionales, velando para que todo esto se cumpla cabalmente.

En el mismo orden, existe a partir de 1967, la Asociación de Jugadores de la **NHL** que representa a los jugadores y/o atletas de la liga o competiciones hockey profesional.

El beisbol profesional nucleado en torno a las ligar mayores (**MLB**) cuenta con la **Asociación de Jugadores de Grandes Ligas (MLBPA)** que es la organización sindical representativa de todos los jugadores, administradores, entrenadores y preparadores físicos. Según wiki pedía sus inicios se remontan a la *"Hermandad de los jugadores de béisbol profesional"* en 1885. La organización que se convertiría en la MLBPA fue concebida en 1953. Sin embargo, no fue reconocida oficialmente como un sindicato sino hasta 1966. Ha negociado convenios sobre salarios base, fondos de pensiones, los derechos de licencia, acuerdo sobre sustancias prohibidas (drogas); acuerdos sobre la violencia doméstica conjunta, asalto sexual y política de abuso infantil e iniciativas en torno al beisbol juvenil.

EL FONDO DE PENSIONADOS DE LAS MAYORES. BENEFICIOS DEL SINDICATO DE MLB

Las grandes ligas cuentan con el mejor programa de pensiones de todo el deporte profesional. Un jugador con sólo 43 días en las mayores, califica para recibir beneficios, no menores de 34 mil dólares anuales; por con sólo un día en el roster activo ya merecen los bigleaguers beneficios médicos en su totalidad. Ahora los beneficios completos de todos los tipos son alcanzados después de 10 años de servicios, por eso un pelotero jubilado que cumpla con los requisitos establecidos reciba sobre los 100 mil dólares anuales, después de cumplir los 62 años. El plan de pensiones de las Grandes Ligas, está valorado en 500 mil millones de dólares.

A nivel internacional existe la **FIFPRO** que es una organización internacional, integrada por cerca de 50 asociaciones nacionales alrededor del mundo, con el fin de proteger los intereses de los jugadores ante sus federaciones, clubes y empresas patrocinadoras. Lo anterior se concretó en 1968, teniendo su primera sede en París. FIFPRO es una de las principales asociaciones de jugadores y con 65.000 miembros activos, reúne al mayor número de atletas. Los futbolistas del mundo se unen a los atletas de todos los deportes, para garantizar que los derechos de todos los jugadores sean respetados, y que el deporte internacional sea libre de corrupción, sin fraude ni quebrantamiento de los derechos humanos.

La Asociación Mundial de Jugadores (**WPA** por sus siglas en inglés), agrupa a las asociaciones y sindicatos de deportistas profesionales de todo el mundo. La **WPA** representa a 85.000 deportistas profesionales a través de 100 asociaciones en más de 60 países,

Contexto económico y social del sindicalismo deportivo

En Venezuela, los intentos asociativos están directamente relacionados con el éxito del espectáculo deportivo y su rentabilidad económica. Las pocas asociaciones gremiales cuentan con poca o ninguna capacidad lucha reivindicativa de los atletas frente a los empresarios que se benefician de la actividad deportiva como negocio lucrativo.

La tendencia de constitución de gremios de jugadores ha sido limitada al éxito del espectáculo deportivo, de allí que el poder de convocatoria de estos sindicatos o asociaciones tenga la misma suerte que el espectáculo. Es decir, si el espectáculo deportivo va mal, así le irá al gremio. Aunado a lo anterior, los clubes de deporte profesional son corporaciones modestas que deben contar con el apoyo económico del Estado y el patrocinio exagerado de empresas públicas y privadas.

Un solo ejemplo basta para visualizar la dependencia del deporte profesional venezolano respecto al Estado. En las disciplinas deportivas que se practican en el país como espectáculo y con rentabilidad económica (beisbol, baloncesto, futbol, vóleibol, futbol sala, hipismo, etc.) solo el equipo de baloncesto *Trotamundos de Carabobo* cuenta con un estadio propio (*Fórum de Valencia*), el resto de los equipos deben contar con instalaciones o estadios que pertenecen al Estado.

Esta fragilidad económica de las franquicias o clubes deportivos dependientes de aportes financieros del Estado y del patrocinio de empresas públicas y privadas, hace que el bastión sindical no sea percibido como un cimiento de sostenibilidad económica del negocio, todo lo contrario, se percibe que colectivizar logros salariales y beneficios atenta contra las modestas finanzas de los equipos.

Por otra parte, el jugador venezolano no tiene sentido de pertenencia respecto al deporte profesional patrio, simplemente, para él, es un mecanismo de ascenso en su carrera y jugar en el país constituye una vitrina o exposición hacia mercados deportivos foráneos más vigorosos. Es entendible que su ánimo reivindicativo no sea su prioridad, mucho menos asociarse con tales fines.

Características del las asociaciones o gremios de deportistas profesionales

Luego de estudiar las asociaciones o gremios de jugadores profesionales en el país observamos algunos rasgos comunes que permiten explicar su exiguo poder de convocatoria gremial.

Utilizan la personería jurídica de asociaciones civiles. La Constitución de la República Bolivariana de Venezuela consagra el derecho de asociación como vértice del sistema democrático. Apunta la norma constitucional:

"Articulo 52. Toda persona tiene derecho de asociarse con fines lícitos, de conformidad con la ley. El estado estará obligado a facilitar el ejercicio de este derecho."

El derecho de asociación y su consagración constitucional alude de manera directa, entre otras normas que consagran tipos asociativos al derecho de asociación con fines políticos[20] y al derecho de asociación sindical,[21] y a formas asociativas civiles no excluyentes y fundamentales dentro de nuestra sociedad democrática.

El derecho de libre asociación viene a constituir la incorporación de principios universales al sistema jurídico. Así, entre las normas internacionales que consagran este derecho están las siguientes: la *Declaración Universal de Derechos Humanos* de 1948,[22] la *Convención Europea de Derechos Humanos* de 1953, la *Convención Internacional sobre Derechos Civiles y Políticos* de 1976, la *Convención Americana de los Derechos Humanos* de 1978, por tan solo citar algunas normas internacionales. De manera especial debemos referirnos para hacer los contrastes correspondientes a los Convenios adoptados por la Organización Internacional del Trabajo (OIT)[23] que tienen como base de sustentación el derecho de libre asociación sindical.

---

[20] El artículo 67 de la Constitución Bolivariana de Venezuela dice: *"Todos los ciudadanos y ciudadanas tienen el derecho de asociarse con fines políticos, mediante métodos democráticos de organización, funcionamiento y dirección."*

[21] El artículo 95 de la Constitución, señala que todos los trabajadores, sin distinción alguna, y sin autorización previa: *"...tienen el derecho de constituir libremente las organizaciones sindicales que estimen para la mejor defensa de sus derechos e intereses, así como el de afiliarse o no a ellas, de conformidad con la ley."*

[22] La Declaración Universal de los Derechos del Hombre, aprobada por la Asamblea General de las Naciones Unidas el 10 de diciembre de 1948, reza en su artículo 23, *"toda persona tiene derecho a fundar sindicatos y a sindicarse para la defensa de sus intereses"*

[23] El Convenio N° 11(1921) que se refiere al derecho de asociación de los trabajadores agrícolas; el Convenio N° 84 (1947) que versa sobre el Derecho de

Ahora bien, las asociaciones de deportistas de manera ex profesa asumen la conformación jurídica de asociaciones civiles regidas por el Derecho Privado para evadir con los mandatos de la legislación del trabajo. Ello les permite contar con mayor flexibilidad en su estructura organizativa y evadir algunos mecanismos de control legal y laboral.

La moderna doctrina laboral nos dice que la personería jurídica de los sindicatos debe ser catalogada como un mixtura de Derecho Público y Derecho Privado al presentase en su accionar societario elementos propios de derecho de asociación de los particulares, sumado a la intervención del Estado en aquellos aspectos como el régimen electoral, el derecho huelga, la negociación colectiva y la contraloría social de los afiliados y de órganos de la Administración del Trabajo.

Asentado lo anterior, observamos que está libre voluntad e inclinación de los promotores de sindicatos de deportistas por la forma asociativa privada, no es impensada; todo lo contrario, esta forma asociativa es lo que permite mayor libertad de movimientos sin estar supeditados a reglas de control laboral que afectan sus intereses individuales y colectivos.

En tal sentido, asumir la forma societaria privada es lo que permite que las personas que componen sus directivas cuenten con largos periodos en su gestión; las rendiciones de cuentas a sus afiliados son poco confiables y sin posibilidad de ser auditadas lo que contraviene la legislación laboral ordinaria que establece un periodo de hasta tres años para que una junta directiva esté al frente de un gremio sindical, existiendo la inhabilitación legal de la mismas por la mora electoral en caso de no realizar elecciones en el tiempo oportuno y la preeminencia de la contraloría social sobre las finanzas y recursos por parte de los afiliados e incluso de organismos del Estado, a través de rendición de estados financieros anualmente ante la Inspectoría del Trabajo o ante el Registro Nacional de Organizaciones Sindicales (RENOS).

Las juntas directivas están compuestas en su mayoría por deportistas no activos retirados de la competencia. Esto

---

Asociación y la Solución de Conflictos en los Territorios no Metropolitanos; los Convenios N° 87 y 98 de 1948 y 1949 relativos a la libertad sindical ya la protección del derecho de sindicación y la aplicación de los principios de sindicalización y de negociación colectiva.

demuestra una clara distinción con las asociaciones sindicales previstas en la legislación laboral ordinaria, que requieren en su conformación a trabajadores activos que es la regla característica, en atención a que la lucha reivindicativa abarca principalmente el trabajo cotidiano, siendo la excepción a la regla la militancia gremial de ex trabajadores, pasivos o jubilados,[24] quienes deben tener cualidad estatutaria que les permita tal membrecía.

Así, cobra fuerza la idea que estas asociaciones civiles tienen como prioridad el logro de beneficios sociales para la época en la cual el deportista ya no se encuentre activo, lo que desnaturaliza el poder de convocatoria en su gestión, en vista que el atleta ve su futuro post competición en base a los logros económicos que haya obtenido en su esfuerzo como atleta activo y no por pequeños servicios o compensaciones que colectivamente se puedan lograr.

La junta directiva de estas asociaciones civiles estatutariamente son órganos de dirección y acción política, por tanto, coordina toda la actividad y representa de pleno derecho la legítima vocería de los deportistas. En consecuencia y sobre la base del mandato encomendado por los afiliados, los miembros de la junta directiva, son personal y colectivamente responsables del estricto cumplimiento de sus obligaciones ante la asamblea general de afiliados deportistas.

Pero en la práctica estas juntas directivas se constituyen como una especie de "cogollos" que no informa sobre los problemas de los deportistas y bajo el amparo de ser una asociación orden privado, los afiliados no cuentan con el derecho a la información y protección que la legislación del trabajo mantiene para los sindicatos.

La lucha reivindicativa de estas asociaciones no gira en torno a la consecución de buenos salarios o retribuciones

---

[24] **LOTTT - artículo 370.** "Las personas en situación de desempleo, pensionados, pensionadas, jubilados o jubiladas podrán afiliarse a organizaciones sindicales de trabajadores y trabajadoras, si así lo establecen sus estatutos, pero no podrán constituir organizaciones sindicales propias. Lo establecido en el presente artículo no impide que las personas en situación de desempleo, pensionados, pensionadas, jubilados o jubiladas creen asociaciones u otro tipo de organizaciones colectivas para la defensa de sus intereses."

sino en lograr beneficios sociales. La relación laboral del deportista profesional con los clubes o equipos descansa en el contrato individual de trabajo y así lo han entendido las asociaciones gremiales que no tienen ninguna influencia en la vinculación contractual. Al permitirse el relajamiento de la regla *igual trabajo, igual salario*, por lo que se pueden establecer diferentes categorías salariales en razón del tipo de competencia, liga, categorías, eventos, partidos, experiencia y habilidad de los trabajadores del deporte e incluso pactar premios individuales por los logros deportivos conseguidos.

Al no haber acuerdos o convenios colectivos en materia de salarios o retribuciones, vacaciones, utilidades o prestaciones sociales, la acción gremial se orienta hacia logros de beneficios sociales asistenciales a los deportistas activos y retirados y sus familias como por ejemplo: otorgar asistencia jurídica a los jugadores, gestionar pólizas de salud, impulsar estudios académicos a distancia (bachillerato), cursos de oratoria, cursos de lingüística, cursos de idiomas y un plan de ayuda de formación profesional, cursos de entrenadores, preparadores físicos y gerentes deportivos y arbitraje entre otras actividades.

César Luis Barreto Salazar

PRINCIPALES ASOCIACIONES DE DEPORTISTAS PROFESIONALES EN VENEZUELA

La Asociación Única de Peloteros Profesionales de Venezuela (AUPPV). La Asociación Única de Futbolistas Profesionales de Venezuela (AUFPV). La Asociación de Jugadores de Baloncesto en Venezuela.

La Asociación Única de Peloteros Profesionales de Venezuela (AUPPV)

En enero de 1946, se iniciaron las reuniones para la posible creación de la Liga Venezolana de Béisbol Profesional, bajo el mando de Martín Tovar Lange, Juan Rafael Regetti, Juan Antonio Álvarez, y Carlos Lavau, con la participación de cuatro equipos: Cervecería Caracas, Magallanes, Vargas y Venezuela.

La primera Asociación Venezolana de Peloteros Profesionales se origina por 1947, manteniendo una precaria actividad hasta mediados del 1960, cuando discrepancias con la Liga Profesional cercenaron su dirigencia al no ser reconocidos por la misma. El 6 de enero de 1966 se convoca a una asamblea de peloteros profesionales activos, naciendo la Asociación Única de Peloteros Profesionales de Venezuela (AUPPV) que agrupa a los jugadores, managers, coaches, técnicos y entrenadores del beisbol profesional en Venezuela.

A partir de 1972, la AUPPV fue asumida por el líder, Dionisio Acosta, un ex pelotero que participo durante 13 temporadas con el Magallanes, Caracas, Pampero y Oriente. Rápidamente este dirigente, adopto una actitud reivindicativa para que los peloteros recibieran beneficios ante el grupo de dueños del béisbol venezolano, cancelándose como medida de presión los *play off* de la temporada 1973 -1974.

La AUPPV también denominada *"Asopeloteros"* se convirtió entonces en el sindicato de deportistas mas importante en el país, con gran prestigio y reputación en su lucha reivindicativa, realizando actividades como torneos de golf con la participación de peloteros e invitados especiales, donde las ganancias iban al fondo de previsión de los jugadores retirados, competencia de jonrones, la organización del juego de estrellas, entre otros eventos.

Dionisio Acosta[25] se mantuvo al frente de AUPPV por espacio de 24 años culminando su labor en 1996, dando paso a un novel liderazgo encabezado por el ex pelotero Ángel Vargas.

A partir de la dirección gremial de Ángel Vargas, peleas internas en la conducción del gremio, le restaron poder de convocatoria a la AUPPV, a lo que se sumó un conflicto judicial con ocasión a la elección de la junta directiva, cuando en el año 2001, un grupo de peloteros que encabezo Edwin Hurtado, Ifraín Linares, Guillermo Larreal y Clemente Álvarez lograron destituir a Vargas, siendo Edgar Naveda el sustituto de Ángel Vargas hasta la actualidad.

La fuerza sindical ha mermado y si bien la AUPPV mantiene el reconocimiento de la Liga de Beisbol Profesional (LVBP) y del Gobierno Nacional sus actividades han estado supeditadas a eventuales éxitos del campeonato local como espectáculo. Incluso han surgido eventos como el *festival del jonrón* que bajo el patrocinio de empresas privadas despiertan mayor emoción y asistencia de aficionados a los estadios que el tradicional *juego de estrellas.*

---

[25] El periodista Ismael Granadillo en nota de prensa con ocasiona a su fallecimiento publico opiniones positivas sobre este líder gremial:

"…nos permitimos agregar que Dionisio Acosta fue un excelente líder gremial, que supo dar vida a la Confederación de Peloteros del Caribe (Conpeproca), más allá de haber modernizado y robustecido a la Asociación de Peloteros de Venezuela, que bajo su égida vivió sus años de esplendor. Encarnó la verdadera figura del dirigente, honesto, trabajador, ejemplar. Gozó del respeto de todos los directivos del beisbol profesional, aún en los momentos de mayor conflicto. Sin duda, Dionisio fue un gran valor, cuyo ejemplo debe perdurar para las nuevas generaciones. Un gran honor, el ser honrado por la amistad de un buen hombre. ¡Hasta siempre, viejo amigo!"

https://www.bravosdemargarita.com/nota/3700/dionisio-acosta-dejo-el-diamante-terrenal

68

La Asociación Única de Futbolistas Profesionales de Venezuela (AUFPV)

L a Asociación Única de Futbolistas Profesionales de Venezuela (AUFPV) fundada en 1988 es un intento organizativo para agrupar a todos los jugadores en defensa de sus derechos laborales y sociales. En ese momento existían muchas deudas entre los clubes y los jugadores y tampoco existía la FITPRO (la asociación internacional).

La Asociación Única de Futbolistas Profesionales de Venezuela es miembro pleno de la Federación Internacional de Futbolistas Profesionales (FIFPRO) desde el año 2014, gremio que agrupa a todas las organizaciones sindicales de futbolistas a nivel mundial. Igualmente, la AUFPV es integrante de FIFPRO-América, división que agrupa a los gremios del continente.

La AUFPV logró afiliar hasta el año 2019 a más de 1300 futbolistas, tanto masculinos, como femeninos, así como jugadores retirados. Las chicas agremiadas son unas 300.

Según entrevista concedida por el presidente y el secretario de la AUFPV José Ramón "Mon" López y Timshel Tabárez al portal *www.futbolvision.com.ve,* la directiva de la AUFPV indica logros reivindicativos en pro de los futbolistas venezolanos.[26]

- La obtención del bachillerato *on line. "Todos los futbolistas que no hayan terminado sus estudios, a través de la AUFPV, pueden terminar sus estudios y graduarse como bachilleres con su certificado del Ministerio de Educación".*

- La reducción de las deudas y falta de pagos que tenían algunos clubes con sus jugadores. *"...nos topamos con casos de jugadores que estaban lesionados y sus clubes no querían pagarles los gastos clínicos o renovarles el contrato." (...) se logró, la obligatoriedad de parte de los Clubes, de cumplir con todos los costos médicos, de*

---

[26] https://www.futbolvision.com.ve/mon-lopez-y-timshel-tabarez-nos-hablan-de-los-logros-de-la-aufpv/

rehabilitación, cirugía y cualquier otro incidente en actividad, en las Normas Reguladoras."

- Asistencia jurídica gratuita a los futbolistas.
- Respeto a los horarios de los partidos.
- Carnetización de los afiliados que les permite a los mismos ingresar a todos los partidos del torneo nacional (Primera División, Segunda División, Tercera División y Copa Venezuela) y de copas internacionales (Libertadores y sudamericana).

En el futuro próximo van a insistir en el cumplimiento de la licencia de clubes ordenada por la FIFA. Esta licencia consta que cada club debe cumplir con ciertos requisitos: tener una cancha propia para el torneo local, otra para las categorías menores. Los equipos deben de tener categoría femenina, Sub 15, Sub 13 o Sub 12.

Proyectan la construcción de un centro que tendrá: fisioterapia, odontología, nutrición, gimnasio.

La Asociación Única de Futbolistas Profesionales de Venezuela organiza una gala anual donde se premia al 11 ideal de los torneos masculinos y femeninos.

La Asociación de Jugadores de Baloncesto en Venezuela

A pesar de la gran afición que tiene el baloncesto profesional en Venezuela y logros deportivos brillantes en el continente americano que no ha dado ningún otro deporte de conjunto, los jugadores de baloncesto no han podido constituir un fuerte sindicato o asociación gremial para defender sus derechos. Este rezago organizativo se debe fundamentalmente a la confluencia de la Federación Venezolana de Baloncesto, el Instituto Nacional del Deporte y las autoridades de la Liga Profesional de Baloncesto en torneos relativamente cortos y que depende de aportes del Estado para su organización.

Sin embargo, existen personas preocupabas por la falta de asociación gremial, tal es el caso del pívot de *Guaiqueríes de Margarita*, Richard Lugo, que ha sido protagonista de actuaciones estelares en la LPB y con la selección nacional que impulsó en año

2014, el último intento de crear y establecer una Asociación de Jugadores de Baloncesto en Venezuela. Sin embargo, este proyecto presidido por Richard Lugo no ha podido permanecer en el tiempo. Los objetivos de esta asociación gremial fueron esbozados por Lugo al portal digital *www.sehablabasquet.com*

La creación de un fondo de asistencia mutua con la contribución de todos los asociados para poder garantizarles a los jugadores en retiro una pensión y un seguro de vida, de HCM para él y a toda su familia directa. Contar con asesoría jurídica dentro y fuera del baloncesto, cursos oratorios, cursos de lingüística. Un plan de ayuda de (formación profesional), que consiste en enviar al extranjero hacer curso de entrenadores, preparadores físicos y gerentes deportivos a los jugadores que pasado a la etapa de retiro y que quieren seguir en el mundo del baloncesto. En fin, el objetivó es ayudar en el desarrollo del baloncesto y sus jugadores.[27]

Para el año 2020, el proyecto presidido por Richard Lugo no pudo permanecer en el tiempo y ahora el básquet criollo se encuentra, nuevamente, huérfano de una entidad así. Se espera por nuevos liderazgos más frescos y comprometidos.

---

[27] http://www.sehablabasket.com/2014/08/asociacion-de-baloncestojuridicamente.html

César Luis Barreto Salazar

LA CONVENCIÓN COLECTIVA DE TRABAJO DE LOS DEPORTISTAS PROFESIONALES

El convenio colectivo, según la legislación laboral, es un acuerdo de voluntades entre una o más entidades de trabajo y uno o más sindicatos para establecer las condiciones conforme a las cuales se debe prestar el servicio y los derechos y obligaciones que correspondan a cada una de las partes.

Para llegar al convenio colectivo, los sindicatos deben aprovechar el mecanismo de la negociación colectiva como parte de su proyección institucional para consolidar su reconocimiento como gremio representativo de los trabajadores. Esto implica un esfuerzo para abrir espacios de inherencia sindical en áreas que expresen el interés del universo de deportistas que representan.

"Si la organización sindical es responsable y goza de alta credibilidad en su acción institucional, será mayor el ímpetu que coloque a sus reclamaciones y reivindicaciones. Como consecuencia de la buena acción sindical debe surgir una convención colectiva de trabajo que abarque las vivencias, experiencias, aspiraciones y expectativas de los trabajadores y de paso a la vigilancia de su correcto cumplimiento por parte de trabajadores, gremios o sindicatos con un trabajo más especializado y eficiente para lograr la paz laboral y evitar conflictos innecesarios a raíz de eventuales incumplimientos contractuales."[28]

---

[28] **Barreto Salazar César** (2016) *"Contraloría Social. Vigilancia y Seguimiento de la Convención Colectiva de Trabajo en Venezuela"* en http://www.relats.org/documentos/DERECHOBarretoSalazar2.pdf

El convenio colectivo de los deportistas debe contener como cuestiones determinantes: el régimen del periodo de prueba; la normativa respecto a la duración de los contratos individuales que podrán únicamente con una duración determinada (temporal), limitado a uno o varios eventos o competiciones deportivas, o bien a un periodo de tiempo concreto. Debe incluir, normas sobre la retribución del deportista profesional, estableciendo salarios mínimos para la actividad. Las condiciones de trabajo relativas la jornada, descansos y vacaciones, el régimen de cesiones, las cláusulas de exclusividad, de confidencialidad y sus compensaciones económicas.

En los convenios colectivos sobre deportes profesionales de las ligas estadounidenses es común la cláusula del deportista agente libre. Esta establece requisitos para que el jugador, luego determinado tiempo de servicio, pueda optar por declararse en libertad y firmar contrato de trabajo con otro club. También el sometimiento de las diferencias salariales a la institución del arbitraje y los fondos de pensiones para los jugadores.

CONFLICTOS COLECTIVOS DE ASOCIACIONES SINDICALES DEL DEPORTE

Sinopsis de algunos conflictos colectivos en las ligas de beisbol de Estados Unidos, México y Venezuela. Estados Unidos de América. Grandes Ligas (MLB). México. Conflicto de beisbolistas mexicanos en 1980. Venezuela. Huelga en solidaridad con Alejandro "Patón" Carrasquel. Huelga reivindicativa en 1973. Paralización de la LVBP por condiciones políticas nacionales en 2002.

L a Organización Internacional del Trabajo (OIT) ha precisado el concepto de conflicto con ocasión al trabajo en los siguientes términos:

"Un conflicto de trabajo o conflicto laboral es una situación de desacuerdo referente a una cuestión o a un conjunto de cuestiones con relación a la cual o a las cuales existe una discrepancia entre trabajadores y empleadores, o acerca de los cuales los trabajadores o empleadores expresan una reivindicación o queja o dan su apoyo a las reivindicaciones o quejas de otros trabajadores o empleadores."[29]

Rafael Alfonzo Guzmán (1988) aludiendo a Carnelutti muestra una extraordinaria comparación entre la guerra y los conflictos. Asienta Alfonzo:

"Carnelutti, en una bellísima página de estudio, "Diagnosis de la Huelga", sintetiza la analogía así: "Derecho de huelga y derecho de guerra tienen el mismo valor. La organización de los trabajadores

---

[29] **Resolución sobre las estadísticas de huelga, cierres patronales y otras acciones causadas por conflictos laborales**, adoptada por la decimoquinta Conferencia Internacional de Estadísticas del Trabajo: enero de 1993.

proclama el derecho de huelga de la misma manera que el Estado reivindica el derecho a la guerra. El poder de hacer la guerra es el poder de sustraerse del derecho...Un ordenamiento jurídico que, como el actual ordenamiento italiano, reconoce el derecho a huelga, confiesa su impotencia frente al arreglo de los conflictos colectivos de trabajo, puesto que regular un conflicto significa, ante todo, evitar y por lo tanto prohibir la guerra entre los hombres, a quienes pertenecen los relativos intereses. La proclamación del derecho a huelga implica la tolerancia del derecho de guerra dentro de las fronteras del Estado, y por lo tanto la imperfección de su organización jurídica". (p 543).[30]

En el caso del deporte profesional, el conflicto laboral cobra gran relevancia por el impacto negativo que tiene en la fanaticada. Si bien, el conflicto no afecta sustancialmente los estándares de comportamiento social, ni causa perturbaciones en la economía, el conflicto en las ligas y torneos profesionales ocasionan malestar en la fanaticada y un creciente desencanto que puede ser manifestado con la pérdida del interés por la competencia deportiva y la merma en la asistencia a los estadios o cosos deportivos afectando un inmenso negocio que produce ingentes cantidades de dinero. A lo que se suma la audiencia televisiva y el filón comercial y económico detrás de la industria deportiva.

Las huelgas deportivas perturban los pasatiempos de gruesos sectores sociales, lo que implica que en muchos casos hasta altas autoridades de Gobiernos Nacionales hayan instado o participado en la solución del conflicto. Tal es el caso del ex presidente de los Estados Unidos de América, *Bill Clinton* que participo como mediador en la huelga beisbolera de MLB de las temporadas 1994 y 1995.

Otros deportes profesionales estadounidenses han pasados por eventos de paralización por conflictos laborarles. Veamos algunos episodios:

La **NBA** en la temporada 1998-1999 tuvo que ceder ante las peticiones de reducir el tope salarial, mejorar los sueldos de novatos, entre otras para evitar que la temporada 1998-1999 se perdiera. De forma unánime los jugadores votaron por una huelga, que

---

[30]**Alfonzo Guzmán Rafael** (1988). *Estudio Analítico de la Ley del Trabajo*. Tomo III, Ediciones Libra, Caracas.

afortunadamente se resolvió a tiempo. El contrato colectivo quedó hasta el 18 de enero de 1999; casi tres meses después de que la temporada debió haber arrancado. La campaña se jugó a 50 partidos y no hubo Juego de las Estrellas.

En la temporada del 2011 se dio un paro de labores deportivas por las inconformidades de los jugadores durante las negociaciones de un convenio colectivo.   Finalmente, se llegó a un arreglo, el 8 de diciembre de 2011, pero la temporada se redujo de 82 a 66 partidos.

La **NFL** (La liga de futbol profesional americano) en la temporada 1982 fue afectada por un conflicto laboral que redujo el calendario a sólo nueve partidos. La campaña ya había iniciado cuando la NFLPA (asociación sindical de jugadores) buscó mejores condiciones de trabajo. Tras 57 días de huelga lograron el objetivo. Las ganancias fueron un salario mínimo por años en servicio, aumentos para etapas como campos de entrenamiento y postemporada, seguro médico, entre otras.

Sinopsis de algunos conflictos colectivos en las ligas de beisbol de Estados Unidos, México y Venezuela

Estados Unidos de América. Grandes Ligas (MLB)

Temporada 1972

Inicio. Abril de 1972. Por primera vez en la historia del deporte estadounidense un conflicto entre jugadores y propietarios motivó el retraso del inicio de una temporada.

Acción sindical. El sindicato de peloteros demandó mejores salarios y prestaciones, pero los dueños de equipos se negaron a ceder en un inicio e incluso despidieron a algunos jugadores.

Consecuencia. Luego de trece días de dificultades ambas partes llegaron a un acuerdo. Los 86 partidos suspendidos jamás se efectuaron debido a la negativa de los dueños de pagarle a los beisbolistas por el tiempo que permanecieron en paro.

Temporada 1981

Inicio. El 12 de junio de 1981 se detuvieron las acciones en los estadios.

Acción sindical. Protestar contra una medida que querían imponer los dueños de equipos acerca de recibir compensaciones por agentes libres que firmaran con otros equipos y que previamente hubieran pasados por sus franquicias.

Consecuencia.   50 días después, tras pérdidas millonarias y la cancelación de 713 partidos, la campaña se reanudó dividida en dos torneos. En el inicio de los playoffs se eliminaron los campeones divisionales de la primera parte contra los campeones de la segunda.

Temporadas 1994 y 1995

Inicio. La huelga comenzó el 12 de agosto de 1994 y un mes después el comisionado *Bud Selig* anunció que la postemporada se había cancelado.

Acción sindical. La intención de establecer un tope salarial impulsó al sindicato de peloteros a impulsar la cesación laboral para evitar que sus intereses se vieran afectados. El problema creció tanto que hasta el presidente *Bill Clinton* intervino.

Consecuencia. Además de la no conclusión de la temporada de 1994, el conflicto se prolongó hasta la temporada 1995, en la cual se jugaron 144 partidos en lugar de los 162 acostumbrados.

México

Conflicto de beisbolistas mexicanos en 1980[31]

A raíz de una pelea entre peloteros por una decisión arbitral en un partido celebrado el 6 de abril de 1980 en la ciudad de Veracruz, los jugadores involucrados junto con otros compañeros, convocaron a la formación de una sociedad gremial de jugadores tal como ya existía en las Grandes Ligas y en las ligas caribeñas, que fue denominada Asociación Nacional de Beisbolistas (ANABE) para exigir mejores

---

[31] https://es.wikipedia.org/wiki/Huelga_de_Beisbolistas_Mexicanos_en_1980

condiciones para el pelotero mexicano, en cuanto a transporte, hospedaje, viáticos y atención médica.

La respuesta de la Liga Mexicana fue de descrédito y desconocimiento de la ANABE, la cual como respuesta, decidió a "paralizar los estadios" como respuesta, el comisionado del beisbol mexicano emitió una orden de proscripción de la ANABE dentro de la liga, vetando a sus jugadores y miembros entre los que se encontraban umpires, personal de los estadios, managers y jugadores, quienes decidieron fundar otra liga, que solo duraría un par de años.

La resolución final de la Liga Mexicana de Beisbol (LMB) fue la de reorganizar la competición, contando en ese momento con solo 6 equipos.

Venezuela

Huelga en solidaridad con Alejandro "Patón" Carrasquel

El periodista *Pedro Felipe Hernández*[32] nos narra este episodio de forma prodigiosa:

*"El primer grandeliga **Alejandro "Patón" Carrasquel** comenzó la campaña 59-60 como el mánager de los Licoreros de Pampero. Sin embargo un conflicto entre el gerente general del club, el periodista **Eduardo Moncada**, llegó hasta los golpes al ser llamado El Patón a la oficina para comunicarle que lo habían despedido. Carrasquel le partió la mandíbula a Moncada y lo suspendieron por dos años de la **LVBP**. Luego de ese altercado y la suspensión, la liga fue abortada por una huelga de peloteros convocada en solidaridad con Carrasquel. Fue la primera vez que el país se quedó sin beisbol."*

Huelga reivindicativa en 1973

A partir de 1972, la Asociación Única de Peloteros Profesionales de Venezuela (AUPPV) fue asumida por el líder, Dionisio Acosta, un

---

[32] Hernández Pedro Felipe (2016) en http://meridiano.net/beisbol-venezolano/132051/8-malos-ratos-en-la-lvbp.html

ex pelotero que participo durante 13 temporadas con el Magallanes, Caracas, Pampero y Oriente. Rápidamente este dirigente, adopto una actitud reivindicativa para que los peloteros recibieran beneficios ante el grupo de dueños del béisbol venezolano. La asociación de peloteros se negó a jugar por problemas televisivos con la liga y por el episodio con el Juego de Las Estrellas, que iba a ser en Maracaibo y los jugadores de la liga decidieron no ir a participar y esto propició la acción huelgaria que cancelo los *play off* de la temporada 1973 -1974.

Paralización de la LVBP por condiciones políticas nacionales en 2002

En el año 2002, cuando sucedió la huelga general convocada por la oposición política contra el presidente Hugo Chávez, el campeonato de beisbol profesional estaba en franco desarrollo. A pesar de lo avanzado del torneo, la Liga Venezolana de Béisbol Profesional decidió la suspensión del mismo alegando razones de dificultad para el acceso a los estadios, aunque algunos analistas políticos sostienen que la intención real fue asumir una postura política en contra del gobierno y coadyuvar a la lucha política de la oposición venezolana en este momento.

ANEXOS

Anexo I. ¿Cómo funciona la agencia libre en las Grandes Ligas? Anexo II. Datos sobre el proceso de arbitraje salarial en MLB. Anexo III. El Arbitraje y Sistema de Compensación en Grandes Ligas. Anexo IV. Que es la Sabermetria? Anexo V. ¿Cómo funciona la relación entre agentes y peloteros? Anexo VI. Los deportes que mejor pagan. Anexo VII. La pasión de Eduardo Galeano por el fútbol en 10 frases. Anexo VIII. Las 20 ligas profesionales con más ingresos económicos para el año. 2016. Franquicias o equipos más valiosos en el mundo para 2019. Anexo IX. Repertorio de lecturas complementarias incorporadas.

En esta sección el lector encontrara artículos especializados sobre temas de absoluto interés en la relación contractual deportiva. En primer lugar y basados en la libertad contratación con que cuentan las partes, en el beisbol de Grandes Ligas (MLB) se ha popularizado la figura del *agente libre* que no es más que aquel jugador, que luego de cumplir con requisitos de tiempo, obtiene su libertad contractual y puede fichar con el otro equipo de le garantice mejores condiciones salariales y contractuales. El texto que no tiene desperdicio y corresponde a la autoría del especialista en derecho deportivo **Arturo Marcano.**

Después se aborda el tema de un particular medio de solución de conflictos como es *el arbitraje*. Esta institución es una piedra angular en el Derecho del Trabajo al permitir que árbitros especialistas determinen el valor contractual de los servicios del jugador. El pelotero accede a que una negociación sobre su salario sea resuelta por terceros y lo mismo vale para el equipo empleador que pone en manos de especialistas calificados el monto de la contratación. Los textos corresponden a los especialistas **Arturo Marcano** y **Francisco Marejo.**

La sabermetria es la nueva tendencia para intentar conocer la proyección y eventual aporte de un jugador a un equipo. Es ala aplicación de la estadística al deporte a objeto de predecir resultados. **Francisco Merejo** hace una buena descripción de esa novel institución.

Las estrellas deportivas no se ocupan directamente de los laberintos de la contratación profesional y prefieren delegarlo en especialistas negociadores. En el escenario deportivo cobra cada día más fuerza la figura del *agente o representante contractual*. Es lógico que así sea, los atletas se dedican a practicar su pasión deportiva y encargan a otros las gestiones de contratación y promoción del negocio jurídico. Una gestión orientada por el contrato civil de mandato. El escrito que magistralmente aborda el tema es de la imaginación y conocimiento profundo del destacado periodista deportivo especializado en beisbol **Enrique Rojas.**

Ahora bien, también llamó nuestra atención los inmensos pagos salariales que las ligas y equipos hacen a los jugadores, lo que justifica, en parte, la poca motivación gremial de los deportistas.

Sus ingresos salariales son muy, pero muy superiores, al resto de la masa laboral productiva, por tanto, es no es preocupación inmediata lograr mediante la contratación colectiva avances reivindicativos modestos. Aquí nos apoyamos en un escrito del periodista **Pedro Arnau**. Luego acudimos a la web para enseñar las ligas o competiciones que obtienen más ingresos, así como los equipos o franquicias de mayor valor monetario.

Y para refrescar nuestra devoción traemos frases de **Eduardo Galeano** que no tienen sobrante, son perfectas, para afincar la mejor pasión de los humanos: el deporte.

ANEXO I
¿Cómo funciona la agencia libre en las Grandes Ligas?

4 Nov., 2015

Arturo Marcano

¿Cuántos jugadores perderá mi equipo en la agencia libre? ¿Cuántos ganará? ¿A cuántos les extenderán una oferta calificada? ¿Cuántos irán al arbitraje salarial? En fin, muchas preguntas y todos esos procesos comienzan esta semana.

Vamos a resumir algunos conceptos y fechas claves a continuación:

David Price será una de las piezas más codiciadas en el mercado de agentes libres este invierno.

Agentes libres: Esta es la vía normal como un equipo pierde y gana jugadores cada año. El concepto/derecho fue incorporado en el Convenio Laboral de 1976 luego de una ardua lucha del Sindicato de Peloteros de Grandes Ligas (MLBPA, por sus siglas en inglés) y de la decisión del árbitro independiente Peter Seitz en el caso de Andy Messersmith y Dave McNally en 1975.

Hay distintas maneras como un pelotero puede convertirse en agente libre pero la forma más comúnmente utilizada viene dada por la regla XX.B. del Convenio Laboral.

La regla XX.B. es bien sencilla y dice que todo pelotero con 6 o más años de servicios sin contrato para la temporada siguiente se puede declarar agente libre según un procedimiento establecido en esa misma cláusula y que no explicaremos en detalles en esta oportunidad para no enredarlos más.

Lo que si debemos resaltar es que un día después del fin de la Serie Mundial, a las 9:00 am, la MLBPA hace la declaración oficial de todos esos peloteros elegibles a la agencia libre según la regla XX.B.

Los equipos a los que pertenecen los jugadores beneficiados por la regla XX.B. tienen una ventana de exclusividad de cinco días a partir de la fecha en la que se hace la declaración oficial. Ese decir, en esos cinco días ningún otro equipo puede hacer ofertas ni hablar con esos peloteros. Al finalizar esos cinco días, si no hay un acuerdo, entonces se abre el mercado para el resto de los equipos.

Vamos a poner un ejemplo: David Price es agente libre de manera oficial a las 24 horas luego de finalizada la Serie Mundial al acumular más de seis años de servicio y no tener contrato para el 2016. Los Azulejos de Toronto tienen cinco días de exclusividad a partir de ese momento para negociar con el lanzador. Si luego de esos cinco días no llegan a un acuerdo entonces Price puede recibir ofertas del resto de los equipos de Grandes Ligas.

Este año los cinco días de exclusividad vencen el sábado 7 de noviembre ya que la MLBPA anunció el 2 de noviembre que 139 peloteros habían sido declarados agentes libres según la regla XX.B. para la temporada 2016.

Ofertas Calificadas: el gran miedo de los dueños de equipos cuando surgió la figura del agente libre era perder años de trabajo entrenando a un jugador que luego firmaría con otra divisa y ellos se quedarían con las manos vacías. Entonces se propuso establecer un sistema de compensación en esos casos (el equipo que firma a mi agente libre me tiene que dar algo a cambio) que ha dado muchas vueltas también desde 1976.

La versión actual del sistema de compensación se llama "oferta calificada" y fue incorporada en el Convenio Laboral del 2012. Esta consiste en ceder una selección alta en el draft o sorteo (primera selección a menos que sea de las diez primeras, son protegidas, en cuyo caso sería la segunda) cuando se firma a un jugador que haya rechazado una 'oferta calificada' de su anterior equipo.

Vale la pena resaltar que ningún pelotero ha aceptado una oferta calificada desde su creación.

El monto de la oferta calificada para el 2016 es de 15.8 millones de dólares por una temporada y se calcula promediando los mejores 125 contratos en las mayores. Es solo por una temporada y la única manera que el pelotero pueda recibirla es haber estado todo el año con el equipo (siguiendo con el mismo ejemplo, David Price no podría obtener una de Toronto ya que fue obtenido en un cambio para la recta final).

La decisión gerencial es importante ya que nadie se arriesga a realizar una oferta calificada a un pelotero que no tiene ese valor en el mercado solo por el hecho de recibir la compensación en el draft. Así que cada equipo saca sus cuentas y balancea los riesgos.

El cronograma es el siguiente: El equipo tendrá cinco días luego de finalizada la Serie Mundial para hacer sus ofertas calificadas. Si un jugador recibe una oferta calificada tendrá siete días para aceptarla o rechazarla. Si la rechaza se convierte en agente libre. Si la acepta firma un contrato por un año por 15.8 millones de dólares.

Un último detalle. Un pelotero puede recibir una oferta calificada, rechazarla y luego firmar de nuevo con ese mismo equipo bajo otros términos (pueden ser más años) tal como sucedió con David Ortiz.

Opciones: Esta es otra vía que puede generar la libertad de un jugador. Muchos contratos tienen un tiempo fijo determinado y años opcionales. Las opciones, pueden ser mutuas, del jugador o del equipo (se llaman así dependiendo de quién tiene el derecho de ejercerla). Si la opción no se ejerce, el pelotero se convierte en agente libre al quedarse sin contrato.

La decisión de ejercer la opción (sea de quién sea) debería ocurrir en los 5 días de exclusividad que tiene el equipo para negociar con sus potenciales agentes libres. Si se ejerce la opción el jugador se queda. Si no se ejerce entonces en el quinto día (7 de noviembre) se suman esos nombres al resto de los agentes libres disponibles para todos los equipos.

Peloteros en años de arbitraje salarial: el otro grupo importante de peloteros que pudieran salir al mercado de agentes libres viene dado por el procedimiento de "tender" o "non tender" del Convenio Laboral. Esos son jugadores elegibles al arbitraje salarial que el equipo decide darles contratos e ir al arbitraje (tenders) o no darles contratos ya que lo consideran mal negocio (non tenders) declarándolos agentes libres.

El 2 de diciembre es la fecha límite para ofrecer contratos a peloteros en años de arbitraje salarial. Si no lo hacen entonces esos jugadores son agentes libres y pueden firmar con quien sea sin restricciones pero preservando el resto de los años de arbitraje que le queden.

Draft o sorteo de la Regla V: el 10 de diciembre es el draft o sorteo de la Regla V que consiste básicamente en jugadores de ligas menores no protegidos que cumplen con algunos requisitos. Si un equipo de las mayores selecciona a un pelotero en el Draft de la Regla V debe incorporarlo a su roster de 25 y mantenerlo allí durante toda la temporada o, de lo contrario, lo tiene que devolver. Cada año hay uno *o dos nombres interesantes que salen del Draft de la Regla 5 y tienen impacto en las mayores como <u>Odubel Herrera</u> con los Filis en el 2015.*"[33]

---

[33] **Marcano Arturo** (2015). "*¿Cómo funciona la agencia libre en las Grandes Ligas?*" en https://espndeportes.espn.com/blogs/index?nombre=arturo_marcano&entryID=2519 643

ANEXO II
Datos sobre el proceso de arbitraje salarial en MLB

16 Ene, 2016
Arturo Marcano[34]

"Uno de los procesos más complicados y complejos en la estructura del béisbol de Grandes Ligas es el arbitraje salarial. Cada año un grupo de peloteros y equipos recurren a esa vía para determinar la remuneración económica correspondiente para la siguiente temporada. En este escrito intentaremos responder a algunas de las preguntas más frecuentes sobre esta herramienta consagrada en el Convenio Laboral.

Origen del arbitraje salarial: Por más de 70 años, los equipos de MLB tuvieron control absoluto sobre la determinación de los sueldos. Todo era muy simple, el dueño le informaba al jugador cuanto le pagaría por la temporada y este tenía dos opciones: aceptar la propuesta o no uniformarse. En algunos casos muy particulares, la disconformidad de los peloteros con las ofertas salariales generaban conflictos que terminaban en las manos del Comisionado de las Grandes Ligas para su resolución, como la última palabra y decisión definitiva.

En 1973, el Sindicato de Jugadores de Grandes Ligas (MLBPA, por sus siglas en inglés), guiado por Marvin Miller, incorporó en el Convenio Laboral, documento que firman cada cierto tiempo con MLB, el método del arbitraje salarial con el objetivo de quitarle la resolución de disputas salariales al Comisionado, al ser básicamente un representante de los equipos, y dársela a un árbitro independiente. MLB aceptó la propuesta de la MLBPA debido a que a Bowie Kuhn le pareció una excelente manera para evitar roces entre el Comisionado y los equipos de MLB (si la decisión era contraria al equipo, el Comisionado se ganaba un enemigo). Curiosamente también, el

---

[34] **Marcano Arturo (2016)** . *"Datos sobre el proceso de arbitraje salarial en MLB"* en https://www.espn.com.ve/blogs/index?nombre=arturo_marcano&entryID=2572609

arbitraje salarial entró al Convenio Laboral antes de la figura de Agente Libre (esa fue incorporada en 1976).

El primer jugador en utilizar el novedoso método del arbitraje salarial fue Dick Woodson en 1974. El lanzador de los Mellizos de Minnesota quería un sueldo de $30.000 y el equipo le había ofrecido $23.000. El caso llegó a manos de un árbitro independiente quien le dio la razón a Woodson. Los Mellizos, evidentemente molestos por la decisión, cambiaron al pitcher a solo tres meses de la decisión.

¿Quiénes pueden usar el arbitraje salarial?: No todos los jugadores tienen la opción de utilizar el arbitraje salarial consagrado en el Convenio Laboral. Los agentes libres tradicionales, aquellos que acumulan más de 6 años de servicio en las mayores, negocian contratos a corto, mediano o largo plazo ya con los sueldos claramente determinados para ese tiempo. En esos casos no puede haber disputas a menos que el mismo contrato incorpore el arbitraje salarial para establecer la remuneración de alguna temporada en específico, algo que no pasa mucho (Greg Maddux y Roger Clemens usaron ese método al final de sus carreras).

Los jugadores con menos de 6 años de servicio (años bajo control del equipo) se dividen en dos grupos principales: los que pueden ir al arbitraje salarial y los que no. Si el pelotero tiene entre 1 y 3 años de servicio no tiene derecho a ir al arbitraje salarial y su sueldo lo determina directamente el equipo. Si tiene entre 3 y 6 años de servicio, goza del derecho de utilizar el arbitraje salarial en caso que no pueda llegar a un acuerdo con el equipo en cada una de esas temporadas. La excepción son los "Súper Dos", jugadores con solo 2 años de servicio que pueden utilizar el arbitraje salarial, cuya definición y determinación viene dada por el Convenio Laboral.

No todos los peloteros elegibles usan el arbitraje salarial. De hecho, la gran mayoría no lo hace (solo 523 casos en más de 40 años). Esa es una alternativa en caso de no poder llegar a un acuerdo salarial. A los equipos tampoco les llama la atención ir al arbitraje salarial por muchas razones, pero principalmente porque aplaza la determinación de su nómina final de la temporada hasta febrero (algo que pudiera afectar la contratación de agentes libres) y por los roces que genera el proceso tal como veremos más adelante.

Otra estrategia gerencial muy común en años recientes es comprar los años de arbitraje salarial. El equipo, a pesar de tener control sobre el jugador, le ofrece un contrato que cubre los años de arbitraje y algunos de agencia libre. De esa manera garantiza su presencia por más tiempo. Al pelotero también le conviene ya que es un contrato garantizado que le da alivio económico por el resto de su vida (claro, si lo invierte bien).

¿Cómo funciona el arbitraje salarial?: El agente debe preparar una propuesta salarial que demuestre el valor del pelotero basado en análisis estadísticos y sueldos comparativos. El equipo tiene que hacer exactamente lo mismo. Unos días antes de la audiencia, el agente y equipo intercambian propuestas con el fin de ir preparados a la misma y, también, ver si existe la posibilidad de negociar un contrato a última hora. En la audiencia, cada parte presenta su caso y justifica su propuesta salarial. A las 24 horas de la audiencia, el panel de árbitros debe seleccionar una de las dos propuestas y en ese momento se convierte en el nuevo contrato para esa temporada. Como el panel de árbitros solo puede escoger entre una de las dos proposiciones, es grave cometer errores de cálculo, sea inflando el sueldo o proponiendo una cifra muy baja, ya que eso simplemente implica una victoria segura para la otra parte.

Función del árbitro: El árbitro, que ahora es un panel compuesto por 3 árbitros seleccionados de una lista aprobada por MLB y la MLBPA, debe decidir cuál de las dos propuestas salariales refleja mejor el valor del pelotero. Para llegar a esa conclusión, el panel necesita revisar todos los análisis estadísticos presentados y comparar sueldos con el grupo de jugadores con mismos años de servicio. La sabermetría consiguió su primera utilidad en la práctica en las audiencias de arbitraje. Los árbitros, a finales de los años 90s, ya entendían que el promedio al bate o los juegos ganados eran una pésima manera de asignarle valor a la carrera de un pelotero. Esos mismos conceptos sabermétricos serían explicados de manera sencilla en el libro "Moneyball" de Michael Lewis más de una década después.

El otro aspecto clave es la manera como el árbitro llega a su sentencia. Su función es escoger entre una de las dos propuestas, no puede inventar un número, entonces el primer paso es calcular el punto medio. Por ejemplo, el jugador quiere 3 millones de dólares y el equipo ofrece 2 millones de dólares. Se dividen ambas cifras y tenemos 2.5 millones. Luego de realizar su propio análisis estadístico y las comparaciones salariales, el árbitro establece su salario ideal. Si ese número es superior por, al menos, un centavo de los 2.5 millones entonces debe dar la razón al jugador. Si, por el contrario, su determinación es al menos un centavo inferior a los 2.5 millones entonces el ganador será el equipo.

Audiencias: Roger Abrams describe en su libro "The Money Pitch" cómo se desarrollan las audiencias. El agente del pelotero tiene una hora para justificar su propuesta de salario. Posteriormente, el equipo tendrá una hora para hacer lo mismo. Una vez culminados los argumentos de ambas partes se da media hora al agente y equipo para aclarar dudas o responder algún punto. El panel de árbitros debe pronunciarse a las 24 horas de culminada la audiencia.

La audiencia puede ser fuente de problemas y resentimientos entre el equipo y su jugador. A pesar que es un proceso privado se han filtrado muchos documentos en donde uno lee argumentos como "es bueno a la ofensiva pero a la defensiva es una carga tal como lo indican estas estadísticas" o "su defensiva es promedio pero es pésimo bate y vamos a demostrarlo". Estos comentarios son emitidos por la alta gerencia en la cara del jugador para justificar su propuesta salarial hiriendo susceptibilidades. Esta es una de las razones por las que los equipos hacen todo lo posible para evitar el arbitraje salarial.

Por el lado de los agentes vale la pena resaltar que es costoso la preparación de un arbitraje salarial. Scott Boras emplea más de 10 personas para ese fin con gastos cercanos a los 150 mil dólares por caso.

Fechas importantes del arbitraje salarial: las fechas cambian año por año pero usemos como ejemplo el proceso del 2016.

12 de diciembre del 2015: fecha para ofrecer o no ofrecer contratos (tender o non tender) que es el momento clave para saber si el equipo decide ir al arbitraje salarial o dejar libre al pelotero elegible al no ofrecerle contrato.

12 de enero del 2016: se hace la presentación formal del proceso.

15 de enero del 2016: se intercambian las propuestas salariales.

1-21 de febrero del 2016: se realizan las audiencias ante un panel de tres árbitros. La decisión de los árbitros debe darse a las 24 horas de realizada la audiencia.

Resultado histórico de los arbitrajes salariales: Maury Brown de la revista Forbes contabilizó todos los resultados de los arbitrajes salariales desde su incorporación en el Convenio Laboral hasta 2015.

Los equipos han ganado 301 casos o el 57.66%. Los jugadores se han impuesto en 221 casos o 42.34%. La explicación pudiera ser sencilla, los agentes tienden a inflar más las propuestas salariales ya sea por falta de preparación, terquedad o, simplemente, para lucir bien con su cliente. Los equipos, sobre todo recientemente, han visto ese proceso como algo científico, el resultado de un análisis estadístico sofisticado que poco tiene que ver con aspectos emocionales.

Espero que este escrito les haya servido para tener una mejor idea de un proceso lleno de detalles y estrategias.

El arbitraje salarial seguirá siendo parte del béisbol por muchos años por venir ya que MLB y la MLBPA están contentos con los resultados que da."

ANEXO III
El Arbitraje y Sistema de Compensación en Grandes Ligas

Publicado el 4 de diciembre de 2011 por Francisco Marejo[35]

"En el ámbito legal, el arbitraje es un tipo de resolución alternativa de conflictos, en donde dos partes deciden dirimir sus disputas ante uno o varios árbitros fuera del sistema judicial provisto por el Estado, y en donde además la decisión que emana de dicho arbitro (llamada Laudo o Sentencia Arbitral) es definitiva e inapelable. En el caso del béisbol de Grandes Ligas, esta decisión de dirimir las disputas salariales de los peloteros y sus empleadores (los equipos) se rige por el Acuerdo de Negociación Colectivo firmado por la Asociación de Peloteros de Grandes Ligas (MLBPA por sus siglas en inglés) y los dueños de equipos, y queda plasmado en los contratos mediante clausulas compromisorias que atan a ambas parte a este proceso.

Previo a describir cómo funciona el sistema de arbitraje en Grandes Ligas, debemos comprender el esquema salarial al que se encuentran sometidos los jugadores en su trayecto a las Ligas Mayores.

Esquema de Salarios

Los equipos de Grandes Ligas son propietarios de los jugadores que contratan mediante el Draft de Regla 4 o través de las contrataciones de agentes libres en el mercado internacional. Durante los primeros seis años de la carrera de un jugador, los equipos tienen la potestad exclusiva de decidir sus retribuciones en torno a salarios mínimos en cada uno de los niveles de juego que conforman la estructura del béisbol profesional, (...) los jugadores se encuentran obligados a ascender de nivel para obtener una mejora salarial durante los primeros seis años, ya que no les está permitido entrar a la agencia libre, ni renegociar los términos de sus contratos

---

[35] **Merejo Francisco** (2011). *"El Arbitraje y Sistema de Compensación en Grandes Ligas"* **en** http://sabermetrico.com/2011/12/el-arbitraje-y-sistema-de-compensacion-en-grandes-ligas/

libremente durante este tiempo. A pesar de estas restricciones, los jugadores con más de 3 años de labor para un equipo (no importa en qué nivel) que logren alcanzar las Grandes Ligas, y los conocidos "Super 2" pueden someterse al proceso de arbitraje para lograr un aumento de salario.

Entendiendo los "Super 2":

La MLBPA define la elegibilidad para arbitraje salarial y los Super Dos de la siguiente manera:

Un jugador con tres o más años de servicio, pero menos de seis años, puede solicitar arbitraje salarial. Además, un jugador puede ser clasificado como un «Super Dos» y ser elegible para el arbitraje con menos de tres años de servicio. Un jugador con por lo menos dos pero menos de tres años de servicio de Grandes Ligas será elegible para arbitraje salarial si éste ha acumulado por lo menos 86 días de servicio durante la temporada inmediatamente anterior y se encuentre posicionado entre el 17 por ciento de los que cuentan con más tiempo laborado dentro de la clase de jugadores que tienen al menos dos pero menos de tres años en Grandes Ligas.

De esta definición sacamos dos parámetros de elegibilidad para el arbitraje para jugadores de seis años de labor o menos:

Los jugadores con más de tres años de servicio y menos de seis son elegibles para arbitraje salarial;

Los jugadores con menos de tres años de servicio pero con al menos 86 días de labor en Grandes Ligas, son elegibles siempre que se encuentren entre el 17%* con más servicio por encima de los 86 días entre sus contemporáneos

*(En el 2010 el corte para los Super Dos fue de 122 días, lo que indica que ningún jugador con una menor cantidad de días de servicio aplicó para ser Super Dos).

El nuevo Acuerdo de Negociación Colectivo firmado en el 2011 eleva este porcentaje de un 17% a un 22%, lo que implica que en las próximas campañas, más jugadores Super Dos serán elegibles para arbitraje.

Sistema de compensación de "picks" para los equipos.

No sólo los jugadores con seis o menos años de labor son elegibles para arbitraje, sino que también son elegibles los jugadores que alcanzan la agencia libre. En caso de un desacuerdo en las negociaciones con el jugador agente libre, el equipo puede decidir *ofertarle al jugador someterse al proceso de arbitraje a los fines de llegar a un acuerdo laboral. Esta oferta debe hacerse antes del 1ro de Diciembre de cada año (en el caso de los Agentes Libres, para los demás jugadores es el 12 de Diciembre), y el jugador tiene hasta el 7 de Diciembre para aceptar o no dicha oferta. En caso de que el jugador decline la oferta de someterse al arbitraje, y las partes no lleguen a un acuerdo contractual, el equipo que firme al jugador debe otorgar un pick del Draft de Regla 4 al antiguo equipo del jugador en caso de que la oferta de arbitraje sea por encima a los 12.4 millones de dólares, según el nuevo Acuerdo de Negociación Colectivo entre jugadores y dueños (aplicable en este caso a partir del 2012). La suma de 12.4 millones se saca del promedio de salarios de los 125 jugadores mejores pagados en Grandes Ligas, por lo que esta suma deberá subir en años posteriores. Es importante recalcar que según el nuevo acuerdo, que los equipos que finalicen con un record que se sitúe dentro de los peores 15 de la liga, no tendrán que otorgar un pick del draft en caso de que firmen un agente libre al que se le haya hecho oferta de arbitraje por encima del monto anteriormente indicado.*

Para la presente temporada muerta, el antiguo sistema de compensación seguirá vigente en torno a la compensación ofrecida a los equipos que ofrezcan arbitraje pero que no logren firmar a agentes libres Tipo "A" y Tipo "B". Según el acuerdo, los equipos que firmen agentes libres Tipo A deberán otorgar su pick de primera ronda (exceptuando los casos en que el equipo tenga uno de los primeros 15 pick del draft) al antiguo equipo del jugador. Además el antiguo equipo recibirá un "sándwich pick" entre la primera ronda y la segunda ronda del draft. En caso de que el agente libre sea un agente libre Tipo B, el antiguo equipo recibe un "sándwich pick" entre la primera y segunda ronda y el equipo que firma al jugador no pierde ningún pick.

Proceso de Arbitraje:

El Arbitraje funciona de la siguiente manera: En enero, tanto el jugador como la organización someten una cifra de salario a un panel de tres árbitros profesionales, quienes decidirán cuál de estas dos cifras merece ganar el jugador como salario (los árbitros no pueden otorgar un punto medio, debe ser o la cifra del jugador o la del equipo). Las audiencias se llevan a cabo entre el día 1ro y 20 de febrero.

Los factores que los árbitros toman en consideración son los siguientes:

La contribución del jugador al club en términos de rendimiento y liderazgo;

El registro de la organización en la tabla de posiciones y en asistencia;

Todos y cada uno de los «logros especiales» del jugador, incluyendo apariciones en juegos de estrellas, premios obtenidos, y su rendimiento de postemporada;

Los salarios de los jugadores con tiempos de servicio comparables a él. Para los jugadores con menos de cinco años de servicio, se toma en cuenta el salario de la clase de jugadores con un año más de servicio.

El panel de árbitros decidirá en base a estos factores y a los argumentos de ambas partes, procediendo a otorgar al jugador un contrato por un año no garantizado. Si el jugador es recortado por el equipo 16 días antes de que comience la temporada, tiene derecho al pago de sólo 30 días de salario por terminación anticipada de contrato. Si el jugador es recortado durante el Spring Training, pero dentro de los 16 días antes de que comience la temporada, tiene derecho a una compensación por terminación de 45 días."

ANEXO IV
Que es la Sabermetria?

Escrito por: Francisco Merejo (2011)[36]
El béisbol es sin dudas el deporte más completo estadísticamente hablando, ya que cuenta con una amplia diversidad de datos, recopilados minuciosamente por más de un siglo. Estadísticas como promedio de bateo, carreras empujadas y cuadrangulares, han quedado plasmadas en la memoria de todo joven que haya coleccionado postalitas de béisbol. Pero recientemente estas estadísticas están siendo complementadas y en algunas ocasiones cuestionadas por una novel tendencia de análisis conocida como Sabermetrics.

La sabermetría no es más que el análisis del béisbol a través de evidencia objetiva, específicamente a través de estadísticas, cuyo objetivo es medir las actividades que se suscitan dentro de un campo de juego de manera eficaz. El término es derivado del acrónimo SABR, el cual según sus siglas en inglés hace referencia a la Sociedad para la Investigación del Béisbol Americano (Society for American Baseball Research), la cual fue fundada en 1971 por Bob Davis. Pero el término sabermetrics no fue acuñado sino hasta 1980 por Bill James, quien hizo referencia al mismo a través de sus escritos sobre béisbol conocidos como The Bill James Baseball Abstracts, sobre los cuales hablaremos más adelante.

Para ser más especifico, la Sabermetría se concentra en evaluar formas de medición para un propósito en concreto, el cual está enfocado en conocer cómo afectan las estadísticas individuales y colectivas, al record de ganados y perdidos de un equipo de béisbol. La lógica detrás de ésto es que para que un equipo sea exitoso debe ganar más juegos que sus oponentes, lo que se logra mediante la anotación copiosa de carreras o por medio de la prevención de éstas.

---

[36]   **Merejo Francisco (2011). *Que es la Sabermetria?*** en http://wiki.beisboldata.com/Que-es-la-Sabermetria.ashx

Los usos más comunes de la Sabermetría van dirigidos a evaluar el desempeño de jugadores en el pasado (un ejemplo de esto es el uso de las estadísticas para determinar quién es merecedor del jugador más valioso o cuál fue el mejor jugador entre dos jugadores de diferentes épocas). Asimismo, la Sabermetría busca predecir los desempeños de estos mismos jugadores en el futuro y así poder evaluar un cambio entre dos equipos o el monto de la firma otorgado a un jugador. Otra función de los análisis sabermétricos es la de analizar conceptos arraigados en el mundo del béisbol que no han sido lo suficientemente estudiados, y que a través del análisis de datos, podemos determinar su veracidad. Ejemplo de ésto es el efecto que tiene el Coors Field en las estadísticas de los jugadores de los Rockies de Colorado. Era de creencia general que el parque de béisbol de los Rockies afectaba de alguna manera los números de sus jugadores, pero no se sabía hasta que nivel y en qué grado los números eran afectados. La controversia llegó a niveles montañosos cuando el outfielder los Rockies, Larry Walker, fue tomado en consideración para el premio de Jugador Más Valioso en 1997. El mundo sabermétrico se entregó por completo al análisis de los parques de Grandes Ligas y concluyó por determinar con suma certeza de qué manera el parque los Rockies afectaba la producción ofensiva y de pitcheo del Coors Field, esto mediante la creación de la estadística llamada PF (Park Factor) (factor de ajuste del parque), la cual nivela los números ofensivos y de pitcheo de los jugadores de los Rockies a un nivel neutro a los fines de ser comparados con los demás jugadores de la liga (también los números de los demás jugadores deben ser ajustados en base a su parque para nivelar la comparación).

Por último la Sabermetría se concentra en evaluar la eficacia de las estadísticas convencionales mediante la búsqueda de respuestas a estas tres preguntas:

1. ***¿Contribuye la estadística X de manera real a los fines de saber si un jugador colaboró o no a la victoria o derrota de su equipo?*** *Esta no es una pregunta muy complicada, cuya respuesta es simplemente afirmativa o negativa. La mayoría de las estadísticas pasan la rigurosidad de esta pregunta ya que de alguna forma u otra la mayoría de éstas son indicadores hasta cierto grado de la*

contribución a la derrota o victoria de un equipo. Por ejemplo la efectividad de un pitcher mide la capacidad de este de permitir carreras limpias cada 9 innings, y como la prevención de carreras contribuye con la victoria de un partido, la efectividad es una estadística que contribuye en cierta forma a saber si un jugador colaboró o no a la victoria del equipo.

2. **¿Qué tan bien mide la estadística X la contribución propia del jugador a la victoria del equipo?** Contrario a la pregunta anterior, la respuesta aquí no resulta tan fácil, ya que se requiere de un profundo análisis para determinar en qué grado mide la estadística X la contribución exacta del jugador. Aquí, todas las estadísticas tendrán cierta deficiencia, ya que en un juego de béisbol convergen muchos eventos que influyen en la victoria o derrota de un equipo. En ese sentido, las estadísticas que pasarán la rigurosidad de esta pregunta, serán aquellas que menos faltas contengan en su propósito de determinar la contribución del jugador. Manteniendo como ejemplo la efectividad de un pitcher, la misma, aunque contribuye a saber si un pitcher contribuyo o no a la victoria del equipo, no nos dice hasta qué grado lo hizo, ya que en el cálculo de la efectividad se dejan fueras las carreras no merecidas o sucias, y en el caso de los relevistas, no se le calcula a su efectividad las carreras permitidas por jugadores encontrados en las bases que son propiedad de otro lanzador.

3. **¿Existe una mejor forma de medir lo mismo pero que resulte más eficaz que la estadística X?** Aquí nos podemos encontrar con la situación de que la estadística X, aunque haya fallado a la prueba propuesta por las anteriores dos preguntas, no tenga una estadística alternativa con la cual se pueda medir el mismo concepto. Pero en caso de que sí la tenga, debe procederse a analizar con argumentos válidos cuál de las dos estadísticas provee la medida más acertada a la contribución real esperada de ella y cuál de estas permite una real apreciación de la contribución del jugador a ganar o perder el partido. Ejemplo de esto sería la estadística concerniente a las carreras anotadas, la cual, aunque sí ayuda a determinar si un jugador contribuyó o no la victoria de su equipo (ya que el juego lo gana el que más carreras anotadas tenga), puede ser sustituida por una estadística más completa como lo es el OPS (On Base plus

Slugging), por el hecho de que los jugadores no contribuyen de manera directa a la anotación de una carrera (al menos que conecten un jonrón o se roben el home plate), pero sí contribuyen a las oportunidades que le dan a su equipo de anotar carreras cuando están en base, por medio de la apreciación de que tan a menudo se llegan a las bases y qué tantas alcanzan al momento de embasarse.

ANEXO V
¿Cómo funciona la relación entre agentes y peloteros?

28 Abr., 2020

Enrique Rojas[37] Escritor Sénior ESPN Digital

"Los representantes de atletas profesionales tienen un rol tan importante en las vidas de sus clientes que, ocasionalmente, son tan famosos como los atletas y, en la mayoría de las ocasiones, más visibles que los familiares más cercanos de sus representados.

Además de negociar los contratos con los equipos, muchas veces los agentes también se encargan de manejar y promocionar la imagen de sus clientes y casi siempre intervienen en todos sus asuntos personales importantes.

En lo que se refiere al béisbol de Grandes Ligas, la relación de los agentes y los peloteros ha cambiado con la evolución de la industria desde el nacimiento de la agencia libre hace medio siglo hasta llegar al punto de madurez que tiene actualmente.

Por supuesto, como cualquier otro tipo de relación entre los seres humanos, el vínculo entre agentes y peloteros no siempre es perfecto, aunque está debidamente reglamentado.

¿QUÉ ORGANISMO REGULA A LOS AGENTES?

La Asociación de Peloteros de Grandes Ligas (MLBPA) es la entidad que supervisa, regula y certifica a los agentes que pueden representar a peloteros en las negociaciones con los equipos de las ligas mayores. Solamente los agentes certificados por MLBPA pueden representar jugadores en las discusiones contractuales.

No se requiere de una licencia de la MLBPA para representar a prospectos internacionales o colegiales, o cualquier jugador de ligas menores que no tenga un puesto en el roster de 40 de una organización de MLB.

¿CÓMO PUEDE CERTIFICARSE UN AGENTE DE MLB?

---

[37] **Rojas Enrique (2020).** *"¿Cómo funciona la relación entre agentes y* **peloteros?** en https://www.espn.com.ve/beisbol/nota/_/id/6894904/como-funciona-la-relacion-entre-agentes-y-peloteros

De acuerdo a un documento que tiene colgado en su portal la *MLBPA*, un aspirante a una licencia de agente debe seguir los siguientes pasos:

1) Leer, comprender y aceptar las Regulaciones MLBPA que rigen a los Agentes de jugadores 2) Completar la Solicitud de Certificación MLBPA

3) Pagar una tarifa de solicitud no reembolsable de $2,000 dólares

4) Presentar una "Declaración del solicitante" firmada y, en el caso de un solicitante de Certificación general, una copia del acuerdo de representación de su agencia

5) Autorizar la realización de una investigación de sus antecedentes

6) Aprobar con éxito la investigación de antecedentes

7) Aprobar un examen escrito; y...

8) Ser designado como el agente de un jugador de Grandes Ligas, o designado por un agente certificado como reclutador, proveedor de Servicio de mantenimiento del cliente o asesor de un agente experto.

Los exámenes que se hace a los agentes están enfocados en el Acuerdo Básico Laboral, las reglas de Grandes Ligas, el Acuerdo Conjunto sobre Drogas y el Reglamento del Agente. Todos esos documentos son públicos y pueden ser estudiados por los aspirantes antes de someterse a la prueba.

¿CUÁNTOS TIPOS DE LICENCIAS PARA AGENTES EXISTEN?

La MLBPA expide tres tipos diferentes de licencias para agentes:

Agente General Certificado: Puede representar, ayudar o asesorar a un jugador en negociaciones de un contrato con equipos de Grandes Ligas. No tiene limitaciones en la representación del cliente.

Agente Certificado Limitado: Puede reclutar y / o proporcionar servicios de mantenimiento al cliente en nombre de un Agente Certificado General, pero no puede comunicarse con el equipo de Grandes Ligas en nombre del jugador.

Asesor de Agentes Expertos: Puede representar, ayudar y asesorar a un Agente Certificado General en nombre de un Jugador, pero no puede proporcionar servicios ni hablar con los equipos en nombre del pelotero.

¿CÓMO CONTRATA Y DESPIDE UN JUGADOR A UN AGENTE?

La relación entre el pelotero y el agente queda establecida en el documento "Designación de Agente de Jugador" que el pelotero y el *agente depositan ante la MLBPA y que solamente cubre un año. Cada año, a más tardar el mes de abril, el agente y el pelotero deben depositar el formulario firmado para mantener relaciones formales.*

Para el jugador terminar la relación simplemente debe mandar una notificación al agente y a la MLBPA y firmar un nuevo formulario de designación con otro. No se necesita más nada.

Pocas veces el agente se sale del acuerdo, pero en febrero del 2018, la agencia Wasserman despidió al cubano Yasiel Puig sin anunciar las razones. Básicamente, la gente de Wasserman cedió a un pelotero que ganó un poco más de $18 millones de dólares en sus últimos dos años bajo control para luego irse a la agencia libre. Eso es mucho dinero, incluso si Puig aún sigue en la agencia libre.

Un agente que negocia un contrato de un pelotero será el beneficiario del porcentaje anual del pacto, incluso si es despedido por el jugador durante la duración del pacto.

Ha ocurrido en muchas ocasiones, que un jugador tiene un agente formal, pero por alguna razón autoriza a otros a hablar en su nombre. En ese y cualquier otro caso en donde exista un conflicto, es la MLBPA que sirve de tribunal. Pero nunca se le carga doble comisión al pelotero.

¿PORCENTAJE QUE PUEDE COBRAR UN AGENTE A UN JUGADOR?

Como uso y costumbre de la industria, los agentes están limitados a cobrar como máximo un 5% del contrato del pelotero. Algunas agencias grandes que proveen otros servicios, pueden cargar un porcentaje extra por esos otros servicios, pero no por representación. El porcentaje es algo que discuten las partes, dependiendo las ventajas que tengan, en esa discusión, el agente y el pelotero.

¿UN AGENTE PUEDE PRESTAR DINERO A SUS CLIENTES?

De acuerdo a las reglas de la MLBPA: "Un Agente Certificado o solicitante de certificación no puede otorgar préstamos, ni prometer préstamos, dinero o cualquier otra cosa de valor a un jugador (incluidos jugadores que no sean del roster de 40), ni a ninguna persona relacionada o asociada con dicho jugador, sin antes obtener la aprobación previa por escrito de la MLBPA".

Se supone que en un año, un agente no debería de pasar de $500 dólares en préstamos o regalos a sus jugadores, pero la realidad es que los representantes invierten mucho dinero en resolver problemas *personales y familiares de sus clientes, especialmente cuando aún no tienen un salario fijo de Grandes Ligas.*

Como dijimos anteriormente, hay agencias grandes de representación de atletas que también ofrecen servicios financieros. En esos casos, esos préstamos no se consideran de naturaleza personal del agente al jugador, o viceversa."

ANEXO VI

Los deportes que mejor pagan

Por *Pedro Arnau*[38] -
6 mayo, 2019

Ser deportista profesional es el sueño de millones de personas en todo el mundo, es por eso que chicos y chicas entrenan desde temprana edad con el anhelo de un día formar parte de un **deporte profesional** *como los es el futbol, basquetbol, beisbol o su deporte favorito. Pero, como en cualquier carrera, los deportistas también reciben un salario por ejercer su profesión y a continuación desglosamos una* **lista de deportes** *mejor pagan gracias al reporte que publica Sporting Intelligence en el Global Sports Salaries Survey..*

Las 5 ligas que mejor pagan

La NBA es la número 1

El basquetbol de la NBA es la liga con salarios de deportistas mejor pagados mejores salarios en todo el mundo. En promedio, un jugador de la NBA gana $7.77 millones de dólares al año, esto considerando a los 439 basquetbolistas que eran parte de la liga en el inicio de esta temporada. El ranking es liderado por tres equipos que en promedio pagan más de $10 millones de dólares al año a sus deportistas: Thunder ($10.33), Warriors ($10.29) y Wizards ($10.04), mientras que en el otro lado de la moneda, solo hay dos con salario promedio por abajo de $6 millones: Kings ($5.64) y Hawks ($5.22). (...)

Los millonarios del cricket

---

[38] Arnau Pedro (2019). *"Los deportes que mejor pagan"* en https://deportesinc.com/investigacion-deportes-inc/deportes-que-mejor-pagan/

El cricket puede sonar de otro mundo para la mayoría de los habitantes de habla hispana, pero la IPL es la segunda liga con los salarios de deportistas mejor pagados. La Indian Premier League tiene un promedio de $5.06 millones USD para los 128 jugadores que participaron en ella el año pasado. Sin duda es un deporte de millonarios. Este es un caso donde los salarios son prorrateados por toda la temporada, pues en la IPL no se contrata a los deportistas por temporadas completas, más bien por semanas, que permite a los jugadores competir en más de un equipo o país durante el año. (...)

El Rey de los deportes en tercer lugar

*La **MLB** de Estados Unidos pagó en promedio $4.51 millones USD a los 877 peloteros que iniciaron el año durante la temporada pasada. Cinco equipos pagan más de $6 millones en promedio: Giants ($7.38), Cubs ($6.99), Red Sox ($6.44), Angels ($6.34) y Nationals ($6.01); mientras que el ratio en el beisbol es un poco más amplio entre el número 1 y el último con 3.53/1. (...)*

La liga de futbol que mejor paga

*La **Premier League** de Inglaterra es la liga de futbol con los mejores salarios con un promedio de $3.93 millones por futbolista durante la temporada 2017-18, que también la convierte en la <u>liga europea que más paga.</u> En el futbol ya vemos mayor diferencia entre los equipos más ricos y el resto, con los dos equipos de Manchester pagando más de $7.5 millones de dólares en promedio a sus jugadores (United – $8.60, City – $7.88) y el Cardiff en el fondo de la tabla con $1.26 M. USD. (...)*

La NFL completa el Top-5

El futbol americano de la NFL paga en promedio $2.91 millones de dólares a cada uno de sus jugadores para colocarse en quinta posición. Sin embargo, la NFL es la liga que más paga si contamos *todo el dinero invertido en los jugadores. Un total de 1,696 deportistas están en los rosters, un número mucho mayor a cualquier otra liga (las más cercanas son MLB-877 y NHL-713), que coloca la inversión total en $4,940 millones de dólares por "solo" $3,958 millones de la MLB."*

ANEXO VII

La pasión de Eduardo Galeano por el fútbol en 10 frases

Redacción BBC Mundo[39]
14 abril 2015

"Como todos los uruguayos, toditos, yo nací gritando gol". *Para el escritor y periodista uruguayo* **Eduardo Galeano** *el fútbol fue más que un deporte, más que un simple juego con un balón.*

"No tengo nada de original porque, como se sabe, en mi país las maternidades hacen un ruido infernal porque todos los bebés se asoman al mundo entre las piernas de la madre gritando gol. Yo también grité gol para no ser menos y como todos quise ser jugador de fútbol".

Galeano comenzó con esta reflexión dos de sus homenajes al deporte que lo hizo vibrar desde niño, su libro "Fútbol a sol y sombra" (1995) y su programa "Fútbol pasión", con el cual se permitió viajar en el tiempo durante 13 capítulos en 2014 para observar con su particular mirada las leyendas, los mitos, las tragedias y los elementos que conforman el universo que gira alrededor de la pelota.

Hincha de Nacional de Montevideo, amor que compartió junto a su compatriota y escritor Mario Benedetti, Galeano fue registrando con sus textos, cuentos y relatos la evidencia de una relación que muchos intelectuales y deportistas consideran imposible: fútbol y literatura.

Autodefinido como un "mendigo del fútbol, el escritor uruguayo pudo plasmar con palabras el sentimiento irracional de los aficionados al balón, dándole una voz a los millones de hinchas que

---

[39]

https://www.bbc.com/mundo/noticias/2015/04/150414_deportes_eduardo_galeano_futbol_pasion_jmp *cada semana se entregan a unos colores, un escudo, un club o selección.*

¿En qué se parece el fútbol a Dios? En la devoción que le tienen muchos creyentes y en la desconfianza que le tienen muchos intelectuales

Eduardo Galeano - Fútbol a sol y sombra (1995)

Pero el amor de Galeano no aceptaba condiciones. Para él una linda jugada era como una caricia dentro de un juego de seducción y el gol "el orgasmo del gol".

Es por eso que con motivo de su muerte, BBC Mundo recopiló algunas de sus frases más famosas dedicadas al balón desde que en 1968 publicó el libro "Su majestad el fútbol", palabras que, al igual que el resto de su obra, perdurarán en el tiempo.

1. "Siempre jugué muy bien, la verdad maravillosamente bien. Era el mejor de todos, pero sólo de noche mientras dormía. Durante el día, hay que reconocerlo, he sido el peor pata de palo que se ha visto en los campitos de mi país".

2. "En su vida, un hombre puede cambiar de mujer, de partido político o de religión, pero no puede cambiar de equipo de fútbol".

3. "¿En qué se parece el fútbol a Dios? En la devoción que le tienen muchos creyentes y en la desconfianza que le tienen muchos intelectuales".

4. "No hay nada menos vacío que un estadio vacío. No hay nada menos mudo que las gradas sin nadie".

5. "Los niños no tienen la finalidad de la victoria, quieren apenas divertirse. Por eso, cuando surgen excepciones, como Messi y Neymar, son, entonces ellos, para mí unos verdaderos milagros".

6. "Yo no soy más que un mendigo de buen fútbol. Voy por el mundo, sombrero en mano, y en los estadios suplico una linda jugadita por amor de Dios. Y cuando el buen fútbol ocurre, agradezco el milagro sin que me importe un rábano cuál es el club o el país que me lo ofrece".

7. *"El fútbol es la única religión que no tiene ateos".*

8. *"El juego se ha convertido en espectáculo, con pocos protagonistas y muchos espectadores, fútbol para mirar, y el espectáculo se ha convertido en uno de los negocios más lucrativos del mundo, que no se organiza para jugar sino para impedir que se juegue".*

9. *"El fanático es el hincha en el manicomio. La manía de negar la evidencia ha terminado por echar a pique a la razón y a cuanta cosa se le parezca, y a la deriva navegan los restos del naufragio en estas aguas hirvientes, siempre alborotadas por la furia sin tregua".*

10. *"Y yo me quedo con esa melancolía irremediable que todos sentimos después del amor y al fin del partido".*

ANEXO VIII

Las 20 ligas profesionales con más ingresos económicos para el año 2016

Liga	País	Deporte	Ingresos $ mil millones
NFL	EEUU/CAN	Futbol Americano	13.000,00
MLB	EEUU/CAN	Beisbol	9.500,oo
Liga Premier	Inglaterra	Futbol	5.300,00
NBA	EEUU/CAN	Baloncesto	4.800,oo
NHL	EEUU/CAN	Hockey hielo	3.700,oo
Bundesliga	Alemania	Futbol	2.800,00
La Liga	España	Futbol	2.200.00
Seria A	Italia	Futbol	1.900,00
Ligue 1	Francia/Mónaco	Futbol	1.500,00
Beisbol Pro	Japón	Beisbol	1.100,00
Liga Petrobras	Brasil	Futbol	1.000,00
Premier Rusa	Rusia	Futbol	977,00
Futbol league	Reino Unido	Futbol	676,00
Sport liga	Turquía	Futbol	601,00
Liga MX	México	Futbol	555,00
2da Bundesliga	Alemania	Futbol	550,00
Eredivise	Países Bajos	Futbol	482,00
MLS	EEUU/CAN	Futbol	461,00
J-League	Japón	Futbol	440,00
AFL	Australia	Rugby	373,00

Fuente: https://www.chicagotribune.com/hoy/ct-hoy-8667256-las-ligas-mas-poderosas-del-mundo-segun-sus-ingresos-story.html

Franquicias o equipos más valiosos en el mundo para 2019

Liga	Equipo	País	Deporte
NFL	Dallas Cowboys	EEUU	Futbol Americano
MLB	New York Yankees	EEUU/CAN	Beisbol
La Liga	Real Madrid	España	Futbol
La Liga	Barcelona	España	Futbol
NBA	New York Knicks	EEUU	Baloncesto
Premier	Manchester United	Inglaterra	Futbol
NFL	New England Patriots	EEUU	Futbol Americano
NBA	Los Ángeles Lakers	EEUU	Baloncesto
NBA	Golden State Warrior	EEUU	Baloncesto
NFL	New York Giants	Japón	Beisbol
MLB	Los Ángeles Dodgers	EEUU	Beisbol

Fuente: wikipedia

ANEXO IX

Repertorio de lecturas complementarias incorporadas

LA SABERMÉTRIA

Es una moderna rama de las estadísticas deportivas dedicada a pronosticar comportamientos deportivos de jugadores sobre la base de sus números, estadísticas y records para hacer probabilidades sobre el futuro desarrollo individual del deportista o en el ensamblado del equipo. La irrupción de los sabermetricos como se les llama, en el béisbol y en el basquetbol le dio un giro muy grande a la manera de evaluar la producción de los jugadores y en base a esos pronósticos se deciden las contrataciones de los jugadores, e incluso es la guía para ubicar salarios promedio para un tipo o estilo de jugador, todo basado siempre en la estadística. En fin, la sabermétria, es de gran ayuda para el cuerpo técnico y la gerencia de cada club al identificar técnicamente las verdaderas fortalezas y debilidades de sus jugadores y las de los jugadores contrarios.

INTEGRANTES DEL CUERPO TÉCNICO DEPORTIVO
Entrenador, director técnico, seleccionador, manager, coach, capitán, *etc.: la denominación depende del deporte de conjunto. Es un entrenador encargado de la dirección, instrucción y entrenamiento de un grupo de jugadores. Es un trabajador de dirección que asume la representación directa del club ante los atletas y terceros. El entrenador, director técnico, manager, seleccionador, coach, capitán, etc., es el garante de que el cuerpo técnico haga su trabajo; tendrá la responsabilidad exclusiva de la formación de los equipos, impartirá disciplina deportiva y órdenes en el campo; fomentara la visión ganadora del conjunto. Debe vigilar la formación de los jugadores tanto en la faz deportiva como en la privada.*

115

Auxiliares técnicos, coach de banca, entrenadores específicos: son atletas que colaboran con el entrenador, director técnico, manager, seleccionador, coach, capitán, etc.; ayudando a dar forma a sus conceptos; acompañando los entrenamientos y observando a los futuros contrincantes entre las acciones más importantes.

Preparador físico: tiene como principal función el lograr la forma física óptima de los jugadores, mantenerla el mayor tiempo posible y sobre todo en los mayores compromisos de la competición. Por ejemplo, los entrenadores de bateo o de picheo en el beisbol y los entrenadores de porteros que se encargan de áreas específicas de entrenamiento de fases del juego.

Médico: es un profesional universitario que acompaña al club y debe diagnosticar y apoyar la atención primaria ante cualquier enfermedad o lesión. Tiene como obligaciones básicas el cuidado y tratamiento de jugadores lesionados o enfermos, inicio y control de tratamientos fisioterapéuticos, control de los demás colaboradores del área de la medicina deportiva. Conforma una sección deportiva del equipo conjuntamente con los fisioterapistas, kinesiólogos y los masajistas.

Fisioterapistas: son profesionales de salud que apoyan la rehabilitación, atención y la prevención de las lesiones del aparato locomotor de los deportistas amateurs y profesionales. Los objetivos de la especialidad de fisioterapia deportiva son: (i) Acortar el tiempo de recuperación. Para conseguirlo es fundamental conocer el tipo de patología que ha sufrido el atleta, así como los límites fisiológicos, sin olvidar las articulaciones y estructuras vecinas de la parte lesionada. (ii) Adaptar el cuerpo del atleta al entrenamiento, promoviendo las condiciones óptimas del sistema músculo-esquelético para obtener el máximo de beneficios. (iii) Evitar riesgos los factores de riesgo. (iv) Saber decidir si el deportista puede volver a hacer deporte o aún no, reduciendo posibles recaídas en el futuro. (v) Prevenir lesiones. El profesional de la salud ayudará al deportista en la prevención de lesiones.

Kinesiólogo: evaluará la tendencia, o problemas en los movimientos respeto a la fisiología, la anatomía y la biomecánica del atleta.

Masajista: es una persona importante dentro de un cuerpo técnico por su relación con los médicos y fisioterapeutas y sobre todo con los jugadores. Su función es realizar los tratamientos mediante diferentes técnicas de masajes de acuerdo al objetivo perseguido. Con el masaje la fatiga se reduce rápidamente, se previene lesiones y se acelera la recuperación del atleta.

Psicólogo deportivo: *la psicología del deporte representa una de las disciplinas de las ciencias del deporte y constituyen un campo de la psicología aplicada. En un profesional universitario que se centra en la práctica y la aplicación de la psicología del deporte a situaciones del deporte, ejercicio y actividad física. Normalmente estas personas ayudan a atletas en la mejora del rendimiento y/o en cuestiones clínicas, colaboran con los propios entrenadores y directivos. Las funciones del psicólogo del deporte permiten conocer los tipos de entrenamiento psicológico como entrenamientos de autocontrol, de capacidades psíquicas, de auto motivación, etc.*

Nutricionista: *son profesionales de la salud que se especializan en alimentación y nutrición y están entrenados para proveer consejos dietarios específicos para el deporte en éste caso.*

Estadísticos: *son aquellos encargados de las estadísticas, marcas, records y números de los jugadores además de realizar proyecciones deportivas respecto a las marcas de competición y verificar a través de métodos numéricos el comportamiento futuro del atleta.*

CONTRATO DE PATROCINIO DEPORTIVO

Consiste en que un patrocinante o sponsor se compromete con ayudas económicas o de otro tipo para la realización de la actividad deportiva del patrocinado a cambio de publicidad. Supone la existencia de un patrocinador que puede ser personas naturales o jurídicas; públicas o privadas y un patrocinado que es un deportista o deportistas; clubes o equipos, torneos o eventos y la ayuda puede ser económica o en especie como entrega de dinero, suministro de material deportivo, pasajes etc.

EL ESCÁNDALO DE LOS MEDIAS NEGRAS

Durante la Serie Mundial de 1919, ocho miembros del equipo de beisbol profesional Medias Blancas de Chicago, fueron responsabilizados por perder intencionalmente la serie final de esa temporada frente a los Rojos de Cincinnati. Los ocho miembros fueron expulsados de por vida del béisbol de las Grandes Ligas. Se trato de una conspiración acordada por los jugadores con apostadores del submundo de las apuestas ilícitas. Innegablemente fue un acto de mala fe por parte de los jugadores.

CASO: STEVE CARLTON

A raíz de una disputa salarial, el dueño del equipo Cardenales de San Luis ordenó en cambio de Carlton a los Filis de Filadelfia para la temporada de 1972, un modesto equipo sin nada que buscar en el campeonato de beisbol (MLB). En la primera temporada de Carlton con Filadelfia, encabezó la liga en victorias (27), juegos completos (30), ponches (310), y ERA (1.97), a pesar de jugar para un equipo cuyo registro final fue de 59-97. Su actuación 1972 le valió su primer premio Cy Young y el Cinturón Hickok como el atleta profesional superior del año. Su porcentaje de victorias del 46% de victorias de su equipo que la temporada es un récord en la historia de Grandes Ligas moderna. Fuente: Wikipedía

CASO: UGUETH URBINA

El lanzador Ugueth Urbina fue condenado a más de 14 años de prisión el martes 27 marzo de 2007, luego de ser hallado culpable de homicidio frustrado por un tribunal de primera instancia. Fue condenado a cumplir condena de 14 años y 4 meses de prisión, tras ser hallado culpable de homicidio en grado de frustración. Salió en libertad en el año 2012

CASO: WILLIAMS PÉREZ

El pitcher Williams Pérez, fue arrestado el 8 de febrero de 2018, tras disparar de forma accidental a su entrenador causando su muerte durante unas prácticas, en el estado Portuguesa, no es el único caso que lleva a un pelotero profesional a enfrentarse con la justicia por el uso de armas de fuego. Pérez fue puesto a la orden del Cuerpo de Investigaciones Científicas, Penales y Criminalísticas (Cicpc) tras admitir su vinculación con la muerte de quien fuera su entrenador desde la infancia, César Quintero (52 años). El lanzador de Cardenales de Lara fue imputado por porte ilícito de arma de fuego y homicidio culposo.

CASO: FRANCISCO BUTTÓ

Su carrera se vio afectada en febrero de 2007 cuando fue declarado culpable de "homicidio culposo" por la muerte del batboy de los Tigres de Aragua el 30 de enero de 2006, en una feria de comida en Maracay.

CASO: JULIO MACHADO

El jugador estuvo involucrado en la muerte de una mujer en Barquisimeto, estado Lara, en diciembre de 1991.Machado, ex jugador de Medias Rojas de Boston y Cerveceros de Milwaukee, tuvo un altercado con un conductor mientras circulaba en la capital larense. Enfurecido, el lanzador sacó un arma y disparó al otro vehículo causando la muerte a una dama. El ex serpentinero de Águilas del Zulia alegó que disparó en defensa propia al pensar que sería víctima de un robo. Sin embargo, en 1996 fue sentenciado a 12 años de prisión.

CASO: FELIPE VÁSQUEZ

Fue arrestado en 2019 en Pittsburgh, Estados Unidos por una orden de delito grave donde los cargos incluyen agresión sexual, contacto ilegal con un menor, corrupción de un menor y agresión indecente. El venezolano enfrenta cargos por solicitar sexo a una menor de edad, por conducta sexual ilegal usando una computadora (o dispositivo) y entregar material obsceno a un menor.

CASO: ODUBEL HERRERA

El Comisionado de la MLB, Rob Manfred, anunció el viernes que, Odubel Herrera no podrá continuar la temporada con los Filis de Filadelfia y fue suspendido de su paga, en la que incluye la posible postemporada para el conjunto de la División Este en la Liga Nacional. El jardinero zuliano, fue arrestado en Atlantic City, New Jersey, el 27 de mayo de 2019 cuando agredió físicamente a su pareja. Al día siguiente, los Filis colocaron en la lista administrativa de suspensión.

"(...) Herrera violó la Política Conjunta sobre Violencia Doméstica, Agresión Sexual y Abuso Infantil. Habiendo revisado la evidencia, he concluido que el Señor Herrera violó la política y debe ser sujeto a medidas disciplinarias, tal como una suspensión no pagada por el resto de la temporada 2019", declaró el comisionado Manfred."
https://www.lvbp.com/7673_odubel-herrera-suspendido-por-lo-que-resta-de-temporada

EL BAJO RENDIMIENTO DEL JUGADOR PROFESIONAL NO ES UNA CAUSA DE DESPIDO JUSTIFICADO

El club puede optar ante el bajo rendimiento por la cesión o cambio a otro club o "dejarlo en libertad" a fin de que este pueda gestionar nuevas contrataciones. No obstante, un jugador con bajo rendimiento y que por ende no puede ayudar a su club, se hace incomodo incluso para los aficionados cuya finalidad es aupar los éxitos colectivos del equipo, de allí que estas decisiones de recisión unilateral, son justificadas por la dirección del club y por los fanáticos.

CASO: LUIS SALAZAR

El ex grande liga **Luis Salazar** quien jugó su carrera en Venezuela con los Tiburones de La Guaira, sufrió la pérdida del ojo izquierdo como consecuencia del impacto recibido por la línea bestial conectada por el receptor de los Bravos, Brian McCann el miércoles 9 de marzo de 2011 pero no se produjo ningún daño cerebral que pueda afectar su rendimiento como dirigente. Todo ocurrió durante

120

los entrenamientos primaverales del equipo con ocasión al inicio de la temporada de béisbol. Como fue una incapacidad permanente y parcial, el pelotero siguió con sus labores como técnico beisbolero.

CASOS DE JOSÉ CASTILLO Y LUIS VALBUENA

*Los jugadores **José Castillo y Luis Valbuena**, de los Cardenales de Lara de la Liga Venezolana de Béisbol Profesional, fallecieron el 12 de diciembre de 2018 en un accidente de tránsito en el estado de Yaracuy (noroeste), confirmó la novena cuatro veces campeona de la pelota invernal de Venezuela. (...) Los peloteros se trasladaban desde Caracas hasta Barquisimeto, donde hoy los Cardenales recibirán a los Bravos de Margarita, junto al también jugador Carlos Rivero, quien sobrevivió al accidente y recibe atención médica. (...) Castillo, un jardinero apodado "El Hacha" por su destacada ofensiva, era uno de los jugadores más representativos de la Lvbp, donde jugó con equipos como Leones del Caracas, Bravos de Margarita, Caribes de Anzoátegui, Tiburones de La Guaira, Tigres de Aragua y los ya mencionados Cardenales. También jugó con los Chiba Lotte Marines de la liga de Japón y con varios equipos del circuito mexicano, esta última etapa entre 2011 y 2016. En las Grandes Ligas defendió a los Piratas de Pittsburgh, Gigantes de San Francisco y Astros de Houston Astros entre 2004 y 2008. En tanto que Valbuena, defensor de la tercera y primera base, jugó 11 años en las ligas mayores con los Marineros de Seattle, Indios de Cleveland, Cachorros de Chicago, Astros de Houston y Angelinos de Anaheim, equipo que lo dejó libre el pasado agosto.*
"fuente: tps://www.telemundodeportes.com/beisbol/mueren-dos-jugadores-de-equipo-de-beisbol-venezolano-en-accidente-de-trafico

LOU GEHRIG, EL HOMBRE POR EL QUE MUCHOS CONOCEN LA ESCLEROSIS LATERAL AMIOTROFIA

*Era el 4 de julio de 1939 y el que fuera uno de los grandes jugadores de béisbol del mítico New York Yankees estadounidense, se despedía ante más de 61 000 espectadores en su estadio. **Lou Gehrig había recibido apenas 16 días antes un diagnóstico de esclerosis lateral amiotrofia**, después de meses de un declive acelerado que ya no se*

podía justificar por la edad o por el desgaste de 2130 juegos consecutivos jugados, un record que solo se rompió 56 años después.
Lou Gehrig tenía 36 años, cumplidos el mismo día que recibió el diagnóstico, y sin dudas no tenía idea que su nombre terminaría por asociarse ya para siempre a la enfermedad que puso fin a una carrera espectacular."
Su estilo lo llevo ser conocido como el caballo de hierro. El diagnostico oficial le fue comunicado el mismo día de su cumpleaños 19 d junio de 1939. Falleció el 2 de junio de 1941.
Fuente: Dunia Chappotin en https://infotiti.com/2018/01/lou-gehrig-esclerosis-lateral-amiotrofica/

EL FONDO DE PENSIONADOS DE LAS MAYORES. BENEFICIOS DEL SINDICATO DE MLB

Las grandes ligas cuentan con el mejor programa de pensiones de todo el deporte profesional. Un jugador con sólo 43 días en las mayores, califica para recibir beneficios, no menores de 34 mil dólares anuales; por con sólo un día en el roster activo ya merecen los bigleaguers beneficios médicos en su totalidad. Ahora los beneficios completos de todos los tipos son alcanzados después de 10 años de servicios, por eso un pelotero jubilado que cumpla con los requisitos establecidos reciba sobre los 100 mil dólares anuales, después de cumplir los 62 años. El plan de pensiones de las Grandes Ligas, está valorado en 500 mil millones de dólares.

BIBLIOGRAFÍA Y/O FUENTES DE APOYO

Alfonzo Guzmán Rafael (1988). *"Estudio Analítico de la Ley del Trabajo."* Ediciones Libra, Caracas.

Alfonzo Guzmán Rafael (2000). *"Nueva Didáctica del Derecho del Trabajo."* Editorial Melvin, Caracas.

Arnau Pedro (2019). *"Los deportes que mejor pagan"* en *https://deportesinc.com/investigacion-deportes-inc/deportes-que-mejor-pagan/*

Barreto Salazar César (2016). *"Contraloría Social. Vigilancia y Seguimiento de la Convención Colectiva de Trabajo en Venezuela"* en *http://www.relats.org/documentos/DERECHOBarretoSalazar2.pdf*

Barreto Salazar César (2018). *"Estudios de Conflictos Laborales."* Editorial Académica Española; Madrid.

Caldera Rafael (1960). *"Derecho del Trabajo."* segunda edición. Editorial Ateneo, Buenos Aires.

Cárdenas Lares Carlos (1994). *"Venezolanos en Grandes Ligas."* Fondo Editorial Cárdenas. Caracas

Dunia Chappotin (2018) en *https://infotiti.com/2018/01/lou-gehrig-esclerosis-lateral-amiotrofica/*

Hernández Pedro Felipe (2016) en *http://meridiano.net/beisbol-venezolano/132051/8-malos-ratos-en-la-lvbp.html*

Marcano Arturo (2015). *"¿Cómo funciona la agencia libre en las Grandes Ligas?"* en *https://espndeportes.espn.com/blogs/index?nombre=arturo_marcano&entryID=2519643*

Marcano Arturo (2016). *"Datos sobre el proceso de arbitraje salarial en MLB"* en *https://www.espn.com.ve/blogs/index?nombre=arturo_marcano&entryID=2572609*

Merejo Francisco (2011). *"El Arbitraje y Sistema de Compensación en Grandes Ligas"* en *http://sabermetrico.com/2011/12/el-arbitraje-y-sistema-de-compensacion-en-grandes-ligas/*

Merejo Francisco (2011). *Que es la Sabermetria?* en http://wiki.beisboldata.com/Que-es-la-Sabermetria.ashx

OIT (1993) *"Resolución sobre las estadísticas de huelga, cierres patronales y otras acciones causadas por conflictos laborales"*, adoptada por la decimoquinta Conferencia Internacional de Estadísticas del Trabajo: enero de 1993.

Rojas Enrique (2020). *"¿Cómo funciona la relación entre agentes y peloteros?* en *https://www.espn.com.ve/beisbol/nota/_/id/6894904/como-funciona-la-relacion-entre-agentes-y-peloteros*
www.wikipededia.org

Notas informativas:

- *https://centrogabo.org/gabo/hablemos-de-gabo/10-frases-de-gabriel-garcia-marquez-sobre-futbol#gsc.tab=0*
- *https://www.prensalibre.com/revista-d/el-futbol-entre-los-grandes-literatos/*

- *https://hayderecho.com/2012/08/22/los-estados-fantasma-que-rigen-el-fubol-internacional-fifa-y-uefa/*

- *https://www.lvbp.com/7673_odubel-herrera-suspendido-por-lo-que-resta-de-temporada*
- *https://www.telemundodeportes.com/beisbol/mueren-dos-jugadores-de-equipo-de-beisbol-venezolano-en-accidente-de-trafico*
- *https://www.bravosdemargarita.com/nota/3700/dionisio-acosta-dejo-el-diamante-terrenal*
- *https://www.futbolvision.com.ve/mon-lopez-y-timshel-tabarez-nos-hablan-de-los-logros-de-la-aufpv/*
- *http://www.sehablabasket.com/2014/08/asociacion-de-baloncestojuridicamente.html*

CONTENIDOS